미래로부터의 반란

국립중앙도서관 출판시도서목록(CIP)

미래로부터의 반란 : 김진경 교육 에세이 / 김
진경 지음. – 파주 : 푸른숲, 2005
p. ;　cm

ISBN　89-7184-426-4 03370 : ₩9800

370.4-KDC4
370.2-DDC21　　　　　　　　　　CIP2005000258

흔들리는 교육에 관한 감성적 고찰

미래로부터의 반란

김 진 경 교 육 에 세 이

푸른숲주니어

우리들의 십자가

나는 나이 서른셋에 교사의 길로 들어섰습니다. 학교 교육이 좀 바뀌어야 하지 않을까, 하는 생각이 들어서였지요. 그런데 어느새 내 나이가 쉰둘이나 되었습니다.

그 동안 걸어온 길은 무지무지 험난했습니다. 그런데 희한하게도 얼마 되지 않은 것같이만 느껴집니다. 앞으로 가야 할 길이 훨씬 더 길게 남았기 때문이겠지요.

지금에 이르러서야 내가 걸어온 길 위에 언제나 누군가가 함께 했었다는 사실이 떠오릅니다. 앞으로 가야 할 길 또한 나 혼자가 아니겠지요. 여태껏 그래 왔듯, 앞으로도 누군가가 꼭 함께 해 주리라는 기대와 믿음이 마음과 몸을 통해서 전해져 옵니다.

이 글은 그 '누군가'와의 대화입니다. 물론 그 '누군가'는 따로 있는 것이 아닙니다. '학교 교육이 바뀌어야 하지 않을까?' 하고 힌 빈쯤 생각해 본 사람이라면 누구나 그 누군가일 수 있습니다.

이 대화는 부끄러움과 참담함에서 시작되었습니다. 20년 가까이

나 발 아프게 걸어왔건만, 학교는 크게 달라진 것이 없습니다. 아이들에겐 부끄럽고 스스로에겐 참담할 뿐입니다. 하지만 이 부끄러움과 참담함이 결코 절망을 뜻하는 것은 아닙니다. 그 사이에 얻은 것들이 분명하게 있으니까요. 무얼 얻었냐구요? 크게 두 가지로 꼽을 수 있습니다.

첫째는 한 사회의 제도나 고정 관념으로 정착된 것이 바뀌려면, 파국에 이를 때까지 가야만 한다는 사실입니다. 그 때서야 비로소 돌아설 수 있으니까요.

둘째는 그렇게 돌아설 수 있는 용기나 결단력은 첨단의 이론이나 선구자적인 몇 사람에 의해 가능한 것이 아니라는 사실입니다. 많은 사람들의 건강한 상식을 통해서 만들어지는 것이지요.

이 새로이 얻은 두 가지 지혜에 비추어 볼 때, 다소 역설적으로 들릴지 모르지만 우리의 교육 현실은 희망을 가져도 좋을 시점에 이르렀다고 판단됩니다.

교사와 학생이 교실에서 부딪쳤을 때에 벌어진 일련의 사건들이나 최근에 일어난 수능 부정 사건 같은 것들을 통해서 볼 때, 우리의 교육은 이제 파국에 거의 다 이르렀음이 분명합니다. 낭떠러지 위에 서서 '아, 이제 더 이상 갈 길이 없구나.' 하고 깨달을 수밖에 없는 시점에 이르른 것입니다.

이 글을 쓰는 동안, 수능 부정 사건으로 많은 아이들이 조사를 받고 구속이 되었습니다. 그런데 자기 책임이라고 나서는 어른은

단 한 명도 없더군요. 이것 또한 참으로 부끄럽고 참담한 일이었습니다.

그 아이들이 진 십자가는 그 아이들의 것이 아닙니다. 그 아이들을 그렇게 내몬 우리 기성 세대들의 것이지요. 그렇다고 절망하지는 마십시오. 이 상식의 파국 또한 건강한 상식의 힘이 살아나기 위한 출발점이 되어 줄 테니까요.

건강한 상식은 타자에 대한 상상력에서 옵니다. 상식의 파국은 타자에 대한 상상력의 결여라고 볼 수 있습니다. 사회 지도층이 보여 주는 상식의 파국, 즉 타자에 대한 상상력의 결여는 역설적으로 대중의 가슴속에 잠자고 있는 타자에 대한 상상력을 아프게 깨워 냅니다.

우리 사회의 역동성은 바로 여기서 오는 것이지요. 그 힘이 우리 역사를 여기까지 밀고 온 것입니다. 그러므로 이 대화는 언뜻 보기에 참담한 현실을 말하고 있는 것 같지만, 결국은 희망을 말하고 있습니다.

이 대화의 많은 부분은 아이들의 급격한 변화가 어디에서 비롯되었는지, 그리고 그것은 어떠한 사회적 변화의 반영인지, 또 아이들의 변화를 미래 사회의 동력으로 살려내기 위해서는 어떻게 해야 하는지를 밝히는 데 바쳐져 있습니다.

교육에 관한 이야기의 중심에 아이들이 있어야 하는 것은 상식입니다. 그럼에도 불구하고 10년 넘게 우리 사회의 교육 담론에서 아이들은 정작 빠져 있었습니다. 앙상한 이해 관계만이 난무해 왔지요. 10년 넘게 우리는 상식의 파국을 살아온 셈입니다.

　전환점은 이 단순한 상식의 회복에서부터 시작될 수 있습니다. 아이들의 변화를 미래 사회의 동력으로 살려내지 못한다면 우리 사회의 미래 또한 있을 수 없으니까요.

　길을 이어갈 사람에게 주는 말로 여기고 시작한 대화가 이제 새로운 시작을 위한 대화로 끝이 나게 되었습니다. 우리가 진정 걱정해야 할 일은 길이 낭떠러지에서 끝났다는 것이 아니라 낭떠러지 위에서 돌아서는 사람들에게 보여 줄 '길'이 준비되어 있는가, 하는 것입니다.

2005년 2월

김 진 경

차례

아이들이 머리에 물을 들이거나 코나 입술, 혀에 링을 다는 것은 특정한 아이의 우발적인 일탈 행위가 아닙니다. 아이들은 일반적으로 자기 몸을 적극적인 표현의 매체로 여기는 의식 구조를 공유하고 있습니다. 아이들의 이렇게 변화된 의식은 꼭 입술이나 혀에 링을 다는 행위가 아니더라도 언제든 누구에게든 다른 방식으로 나타날 수 있습니다. 그러므로 획일적인 방법으로 제재를 가하는 것은 아무런 의미가 없습니다.

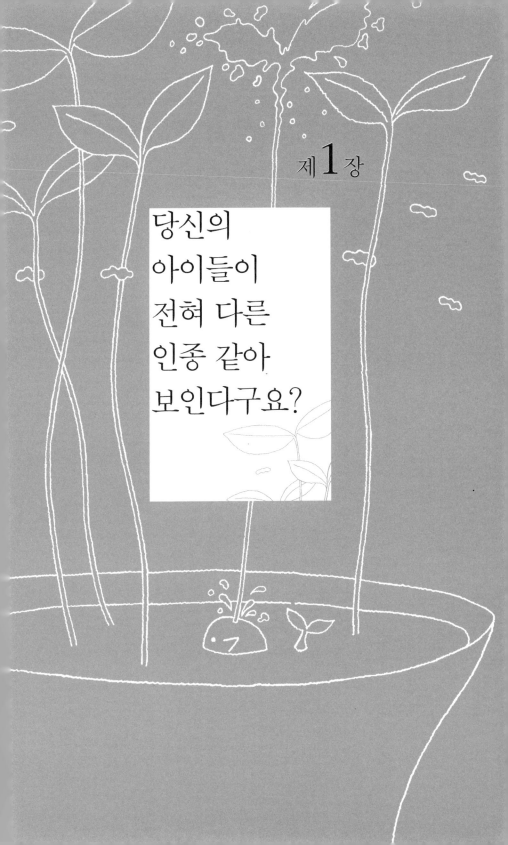

제1장

당신의
아이들이
전혀 다른
인종 같아
보인다구요?

) 나이키와 나이스 (

아마 1993년 무렵이었을 겁니다. 큰딸아이가 중학교에 입학하고 나서 얼마 지나지 않았을 때니까요. 어느 날 아침, 학교에 가려고 나섰던 딸아이가 현관 앞에서 빽 소리를 질렀습니다. 나는 무슨 일이라도 난 줄 알고 깜짝 놀라 달려나가 보았습니다.

운동화 한 짝이 현관문 밖으로 던져져 있더군요. 집사람과 딸아이가 마주보며 씩씩거리고 있었구요. 그전까지 착하고 고분고분하기만 했던 아이인지라, 나는 제 엄마가 큰 잘못이라도 한 줄 알았습니다. 그런데 그게 아니었죠.

"멀쩡한 새 운동화가 어떻다고 그래?"

집사람이 어이없어하며 따져 물었습니다.

"요새 누가 나이스 같은 가짜 상표 신발을 신고 다녀?"

딸아이가 닭똥 같은 눈물을 뚝뚝 흘리기 시작했습니다. 문제는 제 엄마가 새로 사다 준 나이스 운동화에 있었습니다.

"아이구 이년아, 아빠 엄마 죽거들랑 그리 서럽게 울어 봐라. 알

앉어, 알았다구. 이따가 나이키 운동화 사다 놓을 테니까 오늘만 그냥 이거 신고 가."

집사람이 타협안을 내놓았습니다. 하지만 딸아이는 막무가내였습니다.

"싫어!"

이렇게 되면 아무리 엄마라도 화를 낼 수밖에 없습니다. 집사람은 쌩하니 마당으로 나가 운동화 한 짝을 집어 왔습니다. 그리고 우격다짐으로 그걸 아이에게 신기려 했지요.

"싫어, 싫단 말야!"

딸아이는 집사람과 한참 동안 몸싸움을 벌이다가 결국은 맨발로 뛰어나갔습니다. 집사람이 그 문제의 나이스 운동화를 들고 뒤쫓아갔지요. 그래서 어떻게 되었냐구요? 부모 자식 간의 싸움이야 승부가 뻔한 것 아니겠습니까?

집사람은 그 이른 아침에 나이키 대리점을 찾아 헤매야 했지요. 딸아이가 나이스 운동화를 신고 학교에 가느니 차라리 맨발로 가겠다고 뻗대는 바람에 어쩔 수가 없었습니다. 끝내 나이키 운동화를 사 신겨서 학교에 보내긴 했지만, 집사람도 그렇고 나도 그렇고 딸아이를 도무지 이해할 수가 없었습니다. 우리도 어릴 때 그랬을까, 하고 아무리 기억을 헤집어 봐도 대답이 나올 리 없었습니다. 신발에 대한 우리들의 기억이란 게 뻔하지 않습니까?

가장 먼저 머릿속에 떠오른 것은, 그 무지막지하게 질겨서 떨어질 줄 모르던 타이어표 검정색 통고무신이었습니다. 어찌나 질기

던지 발이 커져서 맞지 않을 때까지도 닳지를 않아 발뒤꿈치가 부르트곤 했지요. 구겨서 신으려고 해도 통고무신은 쉽게 되지가 않습니다. 그렇다고 떨어지지도 않은 신발을 두고 새로 사 달라 할 수도 없는 노릇이었구요. 하는 수 없이 빨리 닳으라고 시멘트 바닥에 벅벅 문질러 대곤 했지요.

신발과 관련해서 부모님에게 미안했던 기억이라고는 고작 그 정도뿐입니다. 그 외에는 모처럼 흰 고무신을 얻어신은 친구가 신발 닳는 게 아까워서 신발을 손에 쥔 채 맨발로 다니던 기억, 가뭄에 콩 나듯 가끔 보이는 운동화 신은 아이를 별난 인종처럼 생각했던 기억, 그런 것들에 불과합니다.

그런 기억들은 딸아이와의 사이에 생긴 문제를 해결하는 데 도움이 되기는커녕 자칫하면 결정적인 실수를 낳게 할 뿐입니다. 성질 급한 부모라면 그날 저녁 딸아이를 불러앉혀 놓고 타이어표 검정색 통고무신의 기억을 주저리주저리 들춰냈겠지요.

네가 얼마나 호강에 겨운 짓을 하는 건지 아느냐고 하면서 일장 훈계를 늘어놓았을 테구요. 그렇게 하는 것이 당장에는 가슴이 좀 후련할지도 모릅니다. 하지만 전체적인 맥락에서 보면 썩 잘 했다고 할 수는 없습니다.

그 훈계를 들으며 딸아이는 우리를 아주 이상한 인종으로 여기기 시작할 테니까요. 딸아이와의 사이가 한 십 리쯤 멀어지겠죠. 이런 훈계가 여러 번 반복된다면 딸아이가 마음의 문을 꽁꽁 닫게 될지도 모릅니다. 그래서 겉으로야 어떻든, 내면적으로는 돈을 주고받을 때 이외에는 서로가 서로에게 무관한 관계가 되기 쉽습니다.

나나 집사람이 교직을 업으로 하지 않았다면 역사 속의 무수한 부모들처럼 "요새 아이들은 호강에 겨워서 도대체 버릇이 없어." 하고 무심히 지나쳐 버렸을지도 모릅니다.

어쨌든 딸아이와 사소한 다툼이 있었던 그날, 집사람과 나는 별 뾰족한 대답도 내놓지 못한 채 하루 종일 전전긍긍했습니다. 그렇다고 해서 집사람과 내가 그 당시에 이 사건을 '우리에게 다가오는 새로운 미래'의 징후로 여길 만큼 심각하게 받아들였던 것도 아닙니다.

)미국 가서 깡패 된 거야?(

내가 이 사건을 '우리에게 다가오는 새로운 미래'의 징후로서 곱씹게 된 것은 그로부터 1, 2년 뒤의 일이었습니다. 1994년 전교조 문제로 해직되었던 교사들이 5년 만에 복직을 했습니다. 집사람도 역시 그랬지요.

아이들을 끔찍이 생각한다는 1,500명의 교사들이 학교로 다시 돌아갔으니, 당연히 좋은 일들이 많을 거라고 기대를 했지요. 그런데 기대와는 전혀 다른 일들이 벌어졌습니다. 복직한 교사들이 아이들과 의사 소통이 잘 되지 않는다고 호소를 하기 시작했거든요.

집사람도 마찬가지였습니다. 심지어는 정신과 치료를 받는 복직 교사들까지 심심치 않게 생겨났죠. 5년 동안 아이들이 너무도 많이 변해 있었던 겁니다.

그제서야 딸아이와 운동화를 가지고 다투었던 그 사소한 사건이 의미심장하게 와 닿았습니다. 어쩌면 그 사소한 사건이 아이들의 변화를 알리는 신호였을지도 모른다는 직감이 들더군요. 뒤이어 그 사소한 사건이 '우리에게 다가오는 새로운 미래' 가 던지는 인사였을지도 모른다는 생각이 머리를 스쳤습니다.

곰곰이 생각해 보니, 새로운 미래가 나에게 던진 인사는 그것이 첫 번째가 아니었습니다. 아마 1992년이었을 겁니다.

10년 전 미국으로 이민 간 누님한테서 아이들을 데리고 다니러 온다는 연락이 왔습니다. 그 사이 누님은 몇 차례인가 한국에 나왔었는데, 아이들이 오는 건 처음이었지요. 이민 갈 때 코흘리개였던 녀석들이 고등학생이 된 지금은 어떻게 변해 있을지 무척 궁금했습니다.

누님과 조카들이 한국으로 오는 날, 잔뜩 설레는 마음을 안고 공항으로 마중을 나갔지요. 한참을 기다려서야 누님이 입국장 출구에 모습을 나타냈습니다. 그런데 함께 온다는 조카들의 모습이 보이질 않았습니다.

"아니, 왜 애들은 안 데리고 왔어?"

나는 누님의 손을 잡으며 물었습니다.

"무슨 소리야? 여기 있잖아."

누님이 등 뒤를 가리켰습니다. 누님의 등 뒤에는 말만 한 처녀 둘이 서 있었습니다. 그런데 머리칼을 빨강·파랑·노랑 등 색색으로 물들이고 코와 입술에 금색 링을 달고 있었습니다. 그 아이들은 아까부터 보였는데……. 그 걸레 같은 아이들이 내 조카이리라고는 꿈에도 생각지 못했던 거죠.

지금이야 주변에서 늘 보는 모습이지만, 그 당시 우리 나라엔 그런 청소년 문화가 없었거든요. 그러니 내가 걸레 같다고 생각한 것도 전혀 무리가 아니었습니다.

"아니, 애들이 미국 가서 깡패가 된 거야?"

나는 깜짝 놀라 물었습니다.

"얘는? 애들이 무슨 깡패라고 그래? 우리 애들이 얼마나 모범생인데……. 애들은 문신도 안 하고 다녀."

순간 쇠망치로 머리를 한 대 얻어맞은 듯한 기분이 들더군요. 그 후로 한참 동안 나는 조카들의 울긋불긋한 머리칼을 흘깃거리며 돌아다보곤 했습니다. '우리 애들도 1, 2년 후면 저렇게 하고 다닐 텐데, 저건 어떤 변화의 징후인 거지?' 하는 생각이 언뜻 머리를 스치고 지나갔습니다.

그러고 나서 1994년 무렵이던가요. 학교에서 학생부를 맡고 있던 후배가 드디어 그런 고민을 털어놓기 시작했습니다. 어떤 녀석이 머리칼을 몇 가닥 노랗게 물들이고 왔기에 가위로 잘라 버렸다고 합니다. 그랬더니 그 다음날은 다른 쪽 머리칼을 노랗게 물들이고 왔더라는 겁니다.

이걸 계속 잘라야 하는 건지 아니면 그냥 인정해 주어야 하는 건지 고민스럽다고 하더군요. 나라고 별 뾰족한 대답이 있을 리 없었습니다. 그냥 고민해 보겠노라고 했지요.

이렇게 비슷한 일들을 반복해 겪으면서 우리에게 다가오는 이 미래의 인사를 제대로 이해하고 답하지 못하면, 우리의 학교와 삶이 길을 잃을지도 모른다는 생각이 가슴을 가득 채웠습니다.

)노랑머리 소동(

내가 머리칼을 요란하게 물들인 조카들을 만났던 1992년으로 되돌아가 봅시다.

마침 여름철이어서 누님과 조카들을 만난 것도 기념할 겸, 우리 가족들은 제주도로의 여행을 계획했습니다. 우리 가족이라고 하니까 혹시 승용차 두세 대로 움직일 수 있는 인원을 생각할지도 모르겠습니다. 그러나 천만의 말씀입니다.

우리 집 형제는 6남 1녀인데, 그 당시 모두 결혼해서 집집마다 아이들을 두셋씩 두고 있었습니다. 거기다 큰조카들까지 결혼을 해서 아이가 두셋씩은 되니, 다 모이면 딱 관광 버스 한 대를 꼭 채울 만한 인원이었습니다. 그러니 거의 수학 여행 분위기라고 할 수 있었지요.

제주도에 있는 동안, 우리 가족들은 미국에서 온 조카들 때문에 애를 먹었습니다. 머리 색깔로부터 시작해서 코와 입술에 낀 링까지, 워낙 요란스럽게 하고 다녀서 그런지 조직 폭력배 떨거지 같은 녀석들이 괜히 집적거리곤 하는 것이었습니다. 대개 팔뚝에 문신을 새긴 친구들이었지요.

한 번은 하루의 여정을 마치고 어느 이류 호텔에 묵었을 때였습니다. 조카들 몇몇이 마지막 날이라고 나이트 클럽에 갔던 모양입니다. 조카들끼리 분위기 좋게 술을 마시고 있는데, 좀 우락부락하게 생긴 녀석들 둘이 다가와 집적거리기 시작했습니다.

팔뚝에다 '뽀빠이 아저씨'니 '인내'니 하는 글자들을 문신으로 새겨 가지고 있었다더군요. 머리칼을 색색깔로 물들이고 코와 입술에 링을 낀 여자아이들이 얌전하게 생긴 남자아이들과 술을 마시고 있으니까, 괜히 한번 시비를 걸어 보고 싶게 만들었던 거죠.

그 녀석들은 다짜고짜 여자 조카들에게 춤을 추자고 청했습니다. 남자 조카들 입장에서야 당연히 거절을 할밖에요. 모처럼 사촌 오누이들끼리 만나 술을 마시는 자리였으니까요. 하지만 그 녀석들은 막무가내였습니다. 대뜸 여자 조카들의 팔목을 잡고는 억지로 끌어내려 했습니다.

겁을 먹은 남자 조카 하나가 헐레벌떡 객실로 뛰어올라와 이 사실을 가족들에게 알렸습니다. 비상이 걸린 우리 가족들은 우르르 뛰어내려갔습니다. 육십대의 큰형님부터 중학생짜리 어린 조카까지 씨족의 전사들 십여 명과, 징기스칸의 기마대처럼 사나운 아주머니 두셋이 순식간에 조카들과 티격태격하고 있는 두 녀석을 빙 둘러쌌습니다.

"이봐 형씨들, 무슨 일인가?"

큰형님이 두 녀석을 불렀습니다. 녀석들은 어리둥절한 표정으로 우리 가족들을 빙 둘러보았습니다. 그리고는 금방 상황을 눈치 챘지요.

그 왜 초상집 같은 데 가면 말하지 않아도 죽은 이의 친족들이 누구인지 금방 알 수 있지 않습니까? 죽은 이의 얼굴이 너구리같이 생겼으면 꼭 너구리같이 생긴 얼굴들이 손님들을 접대한답시고 여기저기 돌아다니고 있으니까요. 두 녀석은 우리 가족들의 얼굴을 빙 둘러보고는 한 씨족의 전사들이라는 사실을 금방 알아차렸을 테지요.

"저희들이 잘못 본 것 같습니다. 죄송합니다."

두 녀석은 금방 꼬리를 내리고 큰형님에게 허리를 굽혀 꾸벅 절을 했습니다.

"어이, 좋은 날인데 술이나 한 잔씩 하시고들 가게."

큰형님이 넉살 좋게 두 녀석에게 맥주를 한 잔씩 따라 주었습니다. 두 녀석은 맥주잔을 받아 들이키곤 침 먹은 지네처럼 슬금슬금 도망쳐 버렸습니다.

"우리 애들이 얼마나 모범생인데……, 애들은 문신도 안 하고 다녀."

누님이 변명처럼 중얼거렸습니다.

그 녀석들이 사라진 후, 우리 가족들은 한참 동안 낄낄거렸죠. 한바탕의 해프닝이었습니다. 이 우스꽝스러운 해프닝을 곰곰이 들여다보면, 우선 문신에 대한 서로 다른 생각이 보입니다. 그리고 그것을 양극으로 해서, 자기가 놓인 위치에 따라 다양한 행동 양식이 나타나는 것을 확인할 수 있습니다.

)우리는 동상이몽!(

팔뚝에 문신을 새긴 조폭 떨거지들 이 친구들은 문신을 사회로부터 일탈한 집단, 예컨대 폭력 집단이나 범죄 집단, 윤락 여성 집단 등에서 결속력을 과시하기 위해 새기는 표식이라고 생각합니다. 문신뿐만 아니라 머리칼에 물을 들이는 것이나 코와 입술에 링을 끼우는 것과 같이, 몸을 적극적인 자기 표현의 매체로 삼는 행위들에 대해서도 모두 그렇게 생각하고 있죠.

이런 생각들 때문에 머리칼에 요란하게 물을 들인 여자 조카들을 보았을 때, 사회에서 일탈한 동류의 사람들로 여겼던 것입니다. 그래서 쉽게 접근을 했겠죠.

사회로부터 일탈한 여성들이기 때문에 보호자나 후원자가 있으리라고는 꿈에도 생각지 못했을 것입니다. 저희들 마음대로 해도 상관 없으리라 여겼겠지요. 그런데 씨족의 전사들이 보호자를 자처하며 우르르 몰려나왔으니, 이 친구들이 얼마나 당황하고 놀랐겠습니까?

미국에서 온 여자 조카들 이 아이들은 문신이 사회로부터 일탈한 집단의 징표라고는 꿈에도 생각하지 않습니다. 누구나 자기 몸을 자기 표현의 매체로 삼을 수 있다고 생각했을 테니까요. 문신은 그 표현들 중의 하나일 뿐이구요.

따라서 그 팔뚝에 문신한 친구들이 같이 춤추자고 하거나 술을 마시자고 한 것을 이상하게 여기지 않았을 겁니다. 오히려 왜 씨족의 전사들이 심각한 표정으로 우르르 몰려나와, 그 팔뚝에 문신한 친구들과 으르렁거리는지 의아해 했겠죠. 그리고 제 엄마가 왜 자꾸 변명 같은 말을 하는지도 이해할 수 없었을 겁니다.

우리 가족들 그 조직 폭력배 떨거지들과 마찬가지로, 문신은 사회로부터 일탈한 집단의 표시라고 생각하고 있습니다. 요즘 아이들이 자기 몸을 표현 매체로 삼아 머리칼에 물을 들이는 것이나, 코와 입술에 링을 다는 것도 마찬가지로 생각하고 있지요.

그래서 미국에서 온 조카들을 처음 만났을 때 무척 당혹스러워했습니다. 조카들이 사회로부터 일탈한 폭력배나 범죄 집단에 속해 있는 게 아닐까, 하고 생각했기 때문이죠. 누님의 설명을 듣고 나서야, 미국에서는 그게 아주 평범한 청소년 문화 중의 하나일 뿐이라는 걸 알았습니다. 그러자 씨족의 여성을 보호할 특별한 임무 같은 것이 생겨났습니다.

실상은 그렇다 하더라두 한국에서는 조카들이 사회적 일탈자로 오인되어 곤란한 일을 겪을 수도 있기 때문이지요. 그걸 어떻게 막을 것인가를 두고 은근히 신경을 곤두세우고 있었던 것입니다. 그러니 조그만 일이라도 생기면 씨족의 전사들이 우르르 몰려나가는 것이구요.

누님 여기서 이해의 폭이 가장 넓은 사람입니다. 자신의 몸을 표현 매체로 삼는 문신을 당연시하는 딸들의 문화를 잘 이해하고 있습니다. 그렇기 때문에 딸들에게 한국은 문화가 다르니까 코와 입술에 단 링을 빼라고 하거나, 머리칼에 들인 물을 빼라고 하지 않습니다.

또한 우리 가족들이나 조직 폭력배 떨거지 같은 친구들이 문신을 어떻게 생각하는지 잘 알고 있습니다. 우리 가족들이 자신의 딸들 때문에 겪는 곤란함도 잘 이해하고 있구요. 그래서 미안한 마음을 가지고 자꾸 변명 같은 말을 하는 겁니다.

그 때로부터 10년이 지난 지금은 미국에서 온 조카들이 아니라 학교에서 만나는 우리 아이들이 머리칼에 물을 들이고 있습니다. 코와 입술에 링도 끼구요. 최근에는 혀에 구멍을 뚫고 커다란 링을 끼우고 다니기도 하더군요.

그리고 얼마 전에는 몸에 문신이 있다는 이유로 군대에 갈 수 없게 하는 등의 사회적 차별에 대해 법적 소송이 제기되었죠. 이걸 계기로 사이버상에 문신 동호회가 생겼는데, 회원이 1만 명에 가깝다고 합니다. 여기에 이르는 10년 동안 부모들과 교사들, 그리고 아이들 사이에는 많은 갈등이 있었을 겁니다. 그 갈등은 1992년에 미국에서 온 조카들로 인해 우리 가족이 겪었던 것과 유사하겠죠. 그것은 다음과 같은 두 가지 서로 다른 문화의 충돌이라 할 수 있습니다.

기성 세대의 문화 문신 혹은 그와 유사한 성격의 행위는 폭력 서클 같은 사회적 일탈 집단의 표시이다.

아이들의 문화 문신 혹은 그와 유사한 성격의 행위는 사회적 일탈자의 표시가 아니다. 자기 몸을 적극적인 표현 매체로 삼는 행위로서 누구든지 원하면 할 수 있다.

) 우리, 그냥 표현하게 해 주세요! (

여기까지 읽고 난 뒤, '휴!' 하고 안도의 한숨을 내쉬는 분이 있을지도 모르겠군요. 우리 아이는 머리칼을 물들이지도 않고, 코나 입술, 혀 같은 데 링을 달지도 않으며, 문신도 하지 않으니까 저런 얘기와는 아무런 상관이 없을 것이라고 생각하면서 말입니다. 하지만 천만의 말씀입니다.

어떤 아이가 문신과 같이 밖으로 드러나는 행위를 하느냐 안 하느냐는 사실 별로 중요한 게 아닙니다. 그건 우리 자신을 돌이보면 금방 알 수 있죠. 우리 세대에서는 문신을 한 사람이든 하지 않은 사람이든, 대개는 문신이 사회적 일탈의 표시라는 데 동의합니다. 말하자면 문신을 했건 안 했건 상관 없이 문신을 일탈 행위의 표시로 보는 의식 구조를 공유하고 있는 것입니다.

그건 아이들의 경우도 마찬가지입니다. 코나 입술이나 혀에 링을 단 아이든 달지 않은 아이든 자기 몸을 적극적인 표현의 매체로 여기는 의식 구조는 똑같이 공유하고 있는 것입니다.

아이들이 머리칼에 물을 들이고 오기 시작한 1990년대 초·중반에는 교사들이 곧잘 머리칼을 자르거나 체벌을 가하는 식의 생활 지도를 했습니다. 그런 식의 생활 지도에는 머리칼에 물을 들이는 아이나 그 행위에 대한 일정한 판단이 깔려 있지요.

머리칼에 물을 들이는 행위는 우발적으로 발생한 일탈 행위이다. 그렇기 때문에 그 일탈 행위가 더 심해지기 전에 강력한 제재를 가해 차단해야 한다.

그러니까 머리칼에 물들이는 행위는 아이들이 일반적으로 공유하고 있는 문화나 그 의식 구조의 발로가 아니라, 특정한 개인의 우발적인 일탈 행위라고 보는 것이지요. 그렇게 판단했기 때문에 강력한 제재를 가하는 방식으로 생활 지도를 했던 것입니다.

지금은 교사들이 머리칼에 물을 들이거나, 코나 입술에 링을 다는 행위에 대해 제재 일변도의 생활 지도를 하지 않습니다. 엄밀히 말하면, 하지 않는 것이기도 하고 못 하는 것이기도 하지요.

요즈음 서울의 중학교에 다니는 아이들 중 몇몇이 혀에 커다란 링을 달기 시작했습니다. 수업 시간에 이 링을 질겅질겅 씹고 있다고 합니다. 껌을 씹는 줄 알고 뱉으라고 하면 링을 씹고 있다는 것입니다.

이런 경우 요즘의 교사들은 링을 압수하거나 체벌을 가하는 식의 강력한 제재를 가하지 않습니다. 기껏해야 수업 시간 중엔 링을 빼 놓으라고 주의를 주는 정도지요.

교사들의 생활 지도 방식이 왜 이렇게 변한 걸까요? 그건 교사들이 게으르거나 아이들에 대한 애정이 덜해져서가 아닙니다. 아이들이 무서워서도 아니구요. 아이들의 그러한 행위에 대한 판단이 달라졌기 때문입니다.

아이들이 머리에 물을 들이거나 코나 입술, 혀에 링을 달고 다니는 행위는 특정한 아이의 우발적인 일탈 행위가 아니다. 아이들은 일반적으로 자기 몸을 적극적인 표현의 매체로 여기는 의식 구조를 공유하고 있다. 그런 식으로 변화된 의식은 굳이 혀에 링을 달지 않더라도 얼마든지 다른 방식으로 나타날 수 있다. 그러므로 혀에 링을 다는 것과 같은 특정한 행위에 제재를 가하는 것은 별 의미가 없다.

교사들은 아이들의 이러한 변화가 기왕의 학교 체제에서 통용되던 생활 지도를 통해 쉽게 무마될 만큼 표피적이고 일시적인 게 아니라는 사실을 눈치 채고 있다는 얘깁니다.

아이들의 의식 구조가 변하고 있다는 것을 알아챘다는 뜻이지요. 그것이 뭔지 모르지만 학교 교육에 커다란 변화를 요구하고 있다는 것만은 이해하고 있는 셈입니다. 이것이 현재 교사들이 도달해 있는 지점입니다.

여러분들이 도달해 있는 지점 역시 비슷하지 않을까요? 물론 당장 대학 입시가 발등에 떨어진 불이니까 어쩔 수 없이 거기에 온 신경이 가 있긴 하죠. 하지만 마음 한구석에서는 늘 '이게 아닌데……' 하는 생각이 맴돌고 있을 겁니다.

'아이들이 이렇듯 변하고 있는데 학교 교육이나 대학 신입생 선발 제도도 뭔가 달라져야 하는 것 아닐까? 우리 사회는 앞으로 어떻게 변해 가려는 거지?' 하는 찜찜함이 마음을 누르고 있지 않나요?

어떻습니까? 여러분이 도달해 있는 지점이 바로 거기라고 동의하십니까? 그렇다면 여러분은 이제 나와 함께 여행을 떠날 준비가 된 것입니다. 그 여행은 우리가 암암리에 이해하고 있는 것을 명료하게 하고, 또 '뭔지 모르지만'을 구체적인 모습으로 그려내기 위한 첫 발걸음입니다.

자, 첫 번째 질문을 던져 봅시다. 몸에다 문신을 하는 것이나 머리칼에 물을 들이는 것, 혀나 코에 링을 다는 것과 같이 자기 몸을 적극적인 표현의 매체로 삼는 아이들의 행위는 어떤 의식 구조의 변화를 표현한 것일까요? 이 물음에 제대로 답하기 위해서는 먼저 굉장히 먼 시간 여행을 해야 할지도 모르겠습니다.

)아이들을 찾아가는 시간 여행(

자, 이제 머나먼 시간 여행을 떠나야겠는데 정해진 길도 없고 나침반도 없다면 좀 곤란하겠죠? 적어도 방향을 가리켜 주는 나침반 정도는 있어야 한다고 생각합니다. 무엇을 나침반으로 삼는 게 좋을까요?

앞에서 이야기한 문신이나 염색, 또 신체의 여러 부위에 링을 다는 행위는 자기 몸을 적극적인 표현 매체로 삼는 것입니다. 즉 같은 성격을 가진 것들이라 할 수 있지요. 그 중에서 문신이 가장 극단적인 경우라 하겠습니다. 극단적인 것을 가지고 이야기를 풀어가면, 의미나 의도가 보다 분명해지는 장점이 있습니다.

혹시 문신이 선사 시대부터 지금까지 이어져 온 것이라는 사실을 아시나요? 이번 기회에 그 문명사적 변화를 살펴보는 것도 좋을 듯합니다. 문신을 나침반으로 삼자는 뜻입니다. 동의하시죠?

그러면 이제 길을 정하는 일이 남았군요. 어느 길을 따라가는 것이 좋을까요? 그 부분에 대해서는 아무래도 먼저 시간 여행을 다녀온 내가 의견을 내는 편이 좋겠지요?

상형 문자로서 오천 년 이상 유지되어 온 한자의 변천사에 문신의 역사가 고스란히 담겨 있습니다. 그 길을 한번 따라가 보는 게 어떻겠습니까?

1994년 무렵, '아이들의 의식 구조에 어떤 변화가 일어난 걸까?' 라는 의문을 가졌을 때, 내가 처음 한 일은 우리 나라 교육학자들의 글을 찾아보는 것이었습니다.

아이들과 교사의 의사 소통이 전면적으로 막혔다는 것은 학교 교육이 근본적인 위기에 부딪혔다는 걸 뜻합니다. 당연히 교육학자들이 연구해 놓은 게 많을 줄 알았지요. 그런데 그런 문제를 제대로 다룬 글은 단 한 편도 없었습니다. 참 막막해지더군요.

그러던 차에, 불현듯 아이들의 문화 중 가장 극단적인 형태인 문신의 변화를 역사적으로 추적해 보면 무언가 단서를 잡을 수 있을 거라는 예감이 들었습니다.

그래서 우리 나라의 문화 인류학과 역사학, 사회학 등을 다룬 글들을 모조리 뒤져 보았습니다. 그러나 문신에 관한 글 역시 단 한 편조차 없더군요. 참 울고 싶은 심정이었습니다. 그런데 그 무렵 깊이 빠져 있던 한자책에서 우연히 문신의 역사적 변화가 눈에 들어오는 것을 발견했습니다. 비로소 길을 찾은 셈이었지요.

자, 그러면 이제 시간 여행을 떠나 볼까요? 시간 여행의 입구는 아래쪽 오른편에 있는 갑골 문자입니다. 잘 들여다보십시오. 열심히 들여다보고 있으면 오천 년 전의 세계로 돌아가게 됩니다.

文章문장 | 무엇 같아 보이나요? 두 글자 중 왼편의 글자는 사람이 누워 있는 모습처럼 보이지 않나요? 맞습니다. 위로 뾰족하게 나온 획은 머리이고, 그 밑에 두 팔과 몸통이 있지요. 밑의 좌우로 삐져

나온 두 획은 다리구요. 그런데 몸통 가운데를 유심히 들여다보면 그림 같은 것이 보입니다. 말하자면 '가슴에 무언가 장식을 한 사람'을 뜻하는 것이지요.

그 사람은 무슨 장식을 한 걸까요? 오른편의 글자를 보십시오. 무엇처럼 보이지요? 침같이 뾰죽한 날을 가진 칼처럼 보이지 않습니까? 맞습니다. 문신 칼의 모양입니다. 윗부분이 손잡이이고 아래로 뾰죽 나온 것이 침처럼 생긴 날입니다. 그 밑에 있는 '日'자 모양의 동그라미는 문신 칼의 먹물이 흘러내려 어떠한 모양을 그려낸 것입니다.

결국 두 글자를 합하면, '가슴에 문신을 새긴 사람'을 뜻하게 됩니다. 그런데 누구의 가슴에 문신을 새긴 걸까요? 궁금하지 않나요? 사실은 죽은 사람의 가슴에 문신을 새긴 거랍니다. 장례 의식의 하나로 죽은 사람의 가슴에 문신을 새긴 것이지요. 그런데 왜 하필이면 가슴에다 문신을 새겼을까요?

지금도 히말라야에 가면 조장鳥葬을 지내는 종족이 있다고 합니다. 사람이 죽으면 잘게 토막을 내서 바위산 꼭대기에 가져다 놓는다고 하더군요. 독수리가 그것을 다 물어 가야 죽은 사람이 하늘로 올라갔다고 좋아한다는 것입니다.

조장을 하지 않을 경우엔, 죽은 사람의 가슴에다 문신을 새긴 후 땅에 묻는다고 합니다. 죽은 사람의 가슴에 문신을 새기는 것은 피가 흘러나오게 하기 위해서입니다. 죽은 사람의 몸에서 피가 흘러나와야 영혼이 몸을 빠져 나와 하늘나라로 갈 수 있다고 생각하는 것이지요.

여기서 우리가 주목할 것은, 지금으로부터 오천 년 전에는 문신이 영혼을 하늘로 보내는 종교적 행위로서 대단히 신성한 것이었다는 사실입니다.

그것은 앞 글자의 지금 표기인 '문장'에까지 이어져 오고 있지요. 동양권에서는 예부터 文(문)을 숭상했는데, 그 후광이 '문장'이란 말에 아직도 희미하게 남아 있습니다. '문장'은 어떤 생각이나 느낌을 글로 적는 것을 말합니다. 문장을 잘 짓기로 이름난 사람을 '문장가'라 하는데, 이것을 줄여서 '문장'이라 부르기도 하니까요.

그렇다면 그 시대에는 죽은 사람의 가슴에 새긴 문신만이 신성한 것이었을까요? 아닙니다. 그보다 훨씬 후대인 주나라 말기에 왕족들은 자신의 몸에 문신을 새겨 신성성을 나타냈다는 기록이 있습니다.

그것으로 보아, 죽은 사람들의 몸에 새긴 문신만이 아니라 산 사람의 몸에 새긴 문신도 신성시했다고 볼 수 있습니다. 자, 그러면 다시 타임머신을 타고 지금으로부터 삼천 년 전쯤으로 내려가 봅시다. 다음의 오른쪽 글자를 잘 들여다보십시오.

妾첩 │ 무릎을 꿇고 있는 여자의 머리 위에 문신 칼이 그려져 있지요? '문신을 한 여자'라는 뜻입니다. 왜 문신을 했을까요? 이 여자는 포로로 잡혀 왔습니다. 그래서 "너는 이제부터 우리의 노예야. 도망갈 생각은 아예 하지도

마." 하고, 문신으로 얼굴에 표시를 한 겁니다.

그런데 그 중에 얼굴이 반반한 여자가 있으면 주인이 데리고 살았겠죠. 그래서 정실正室 부인이 아니라는 뜻의 '소실小室'이란 말이 생겨났을 테구요. 남자 종을 뜻하는 '僕'이란 글자도 원래는 '문신을 한 남자'란 의미였답니다.

僕복 | 글자 속에 문신 칼 그림이 들어 있지요? 문신이 포로 또는 노예를 뜻하는 표시였다는 사실을 보여 주는 글자는 이외에도 아주 많이 있습니다.

墨刑묵형 | 이 시대의 문신은 범죄자의 표지로 쓰이기도 했습니다. 형벌 중에 '묵형'이란 것이 있었지요. 얼굴에 범죄자임을 나타내는 문신을 새겨 넣는 형벌 말입니다. 오른편의 문자가 바로 그것을 나타내는 글자인데, 지금은 쓰이지 않는다고 합니다.

위의 문자들을 통해서 우리가 알 수 있는 것은 지금으로부터 약 삼천 년 전, 그러니까 중국의 춘추 전국 시대 무렵부터는 문신이 주로 노예나 범죄자의 표시로서 매우 부정적인 의미를 띠었다는 사실입니다.

문신에 대한 부정적인 인식은 삼천 년의 세월을 지나 근대 산업 사회를 살고 있는 우리 세대에까지 이어집니다. 물론 문신을 노예의 표시로 생각한다거나, 국가 권력이 범죄를 저지른 사람들에게 강제로 새겨 넣는 행위를 하는 것은 아니지만요.

오히려 폭력 집단 같은 사회적 일탈 집단이 다른 집단으로부터 자신을 구분하고 결속력을 강화하기 위해서 자발적으로 문신을 하곤 하죠. 하지만 그러한 차이에도 불구하고 우리 세대가 문신을 범죄의 표시, 즉 사회적 일탈의 표시로서 부정적으로 인식하고 있다는 것은 모두가 잘 아는 사실입니다.

그런데 요즘의 아이들이 무려 삼천 년 만에 문신을 적극적인 자기 표현의 행위로서 긍정적으로 보기 시작했습니다. 잘 믿어지지 않겠지만 이것은 삼천 년 만에 일어난 문명사적 변화의 표시입니다. 그렇다면 문신에 대한 이러한 인식의 변화는 어떤 의식 구조의 변화로부터 비롯된 것일까요?

)늑대 인간의 저주(

문신에 대한 긍정적 혹은 부정적 태도가 어떤 의식 구조의 표현인가를 알아보기 위해서는 먼저 우리 자신을 돌아보는 게 가장 좋은 방법일 것입니다. 그러기 위해서 먼저 문신에 대한 앞의 이야기를 간략하게 객관화시켜 정리해 보도록 합시다.

선사 시대 종교적 행위 혹은 신성성의 표현으로서, 매우 긍정적

고대 국가부터 중세까지 노예나 범죄자의 표시로서, 극히 부정적

근대 산업 사회 사회로부터 일탈한 집단의 자기 표시로서, 부정적

지식 기반 사회 적극적인 자기 표현의 매체로서, 긍정적

우리 세대는 위의 네 가지 시대 중 세 번째에 속합니다. 그런데 근대 산업 사회를 살아온 우리는 왜 문신을 부정적으로 보는 걸까요? 문신에 대한 우리의 부정적 인식은 어떤 의식 구조의 표현일까요?

늑대 인간이 등장하는 영화 〈울프〉나, 《지킬 박사와 하이드 씨》 같은 소설을 본 적 있습니까? 보지 않았다면 꼭 한번 보세요. 이 둘만큼 우리 근대인의 의식 구조를 잘 드러내 주는 작품도 없을 겁니다.

1994년 마이크 니콜스 감독이 만든 영화 〈울프〉의 줄거리는 대강 이렇습니다.

출판사 편집장인 윌(잭 니콜슨 분)은 뉴잉글랜드의 고속도로를 달리다가 뭔가가 쓰러져 있는 것을 발견하게 됩니다. 차를 세우고 내려서 다가가려는 순간, 쓰러져 있던 늑대가 벌떡 일어나 그를 물고 사라져 버립니다.

그 무렵 직장에서도 사생활에서도 궁지에 몰려 있던 윌은, 얼마 뒤 믿었던 부하 직원 스튜어트(제임스 스페이더 분)에게 배신당해 편집장 자리를 빼앗기고 맙니다.

모든 것이 엉망이 돼 버린 윌에게 조금씩 변화가 생깁니다. 청각과 후각이 지나치게 예민해지고, 활력이 생기기 시작한 것입니다. 새로운 능력을 지니게 된 윌은 언제 의욕을 상실했냐는 듯, 다시 자신의 자리를 되찾아 냅니다.

남달리 뛰어난 청각과 후각 덕분에 부인과 스튜어트의 불륜을 알아내기도 하지요. 게다가 사장의 딸인 로라(미셸 파이퍼 분)와 사랑에 빠지기까지 합니다.

하지만 윌은 활기차게 생활하면서도 불안한 마음을 감출 수가 없습니다. 점점 기억이 끊어질 뿐 아니라, 가끔씩 외딴 곳에서 손을 피범벅한 채 나체로 있는 자신을 발견하게 되기 때문이지요.

곧 자신이 조금씩 늑대로 변해 가고 있다는 사실을 인정하기 시작합니다. 자신이 늑대 인간으로 변하는 것을 신의 저주라 생각하고 빠져 나오려 안간힘을 쓰지만, 아무리 몸부림을 쳐 봐도 빠져 나올 수가 없습니다.

이 영화에서는 그 동물적 속성에서 빠져 나올 수 없음이 가장 큰 공포로 그려지고 있습니다. 1886년 로버트 루이스 스티븐슨이 발표한 소설《지킬 박사와 하이드 씨》에도 이와 비슷한 주제가 담겨 있습니다.

유서 깊은 가문에서 태어난 지킬 박사는 의학 박사이자 의사로 많은 이들에게 존경받는 인물입니다. 하지만 그의 내면에는 자신의 욕구를 분출하지 못한 채 살아가는 것에 대한 불만이 자리 잡고 있습니다.

인간의 선과 악을 분리해 인간 개조를 꿈꾸던 지킬 박사는 그 연구가 어느 정도 진전을 보이자, 병원에다 인간을 대상으로 실험을 할 수 있도록 허락해 줄 것은 요청합니다. 하지만 인간의 존엄성을 강조하는 병원 관계자들은 그의 요구를 무시해 버리지요. 이에 지킬 박사는 스스로 연구 대상이 되기로 결심합니다.

밤마다 자신이 연구한 약물을 주사하던 그는, 다음날이 되면 밤 동안 일어난 일을 전혀 기억하지 못하게 됩니다. 그는 밤에 나타나는 자신의 또 다른 모습을, 미리 가상의 인물로 설정해 둔 하이드 씨라 이름 짓습니다. 약물 투여가 반복되면서 하이드 씨의 악마적 행동은 점점 더 잔혹해져 갑니다. 사랑하는 여인을 마구 때려 상처를 입히는가 하면, 자신에게 위협이 되는 이들을 가차없이 살해해 버리기도 합니다.

이제 지킬 박사는 자신이 하이드 씨를 통제할 수 없는 상태가 되었음을 깨닫습니다. 약을 주사하지 않아도 하이드 씨가 그의 주변에 나타나 자신에게 몸을 줄 것을 요구하고, 지킬 박사는 그에게서 벗어나기 위해 몸부림을 칩니다.

하지만 하이드 씨의 위협을 이기지 못한 지킬 박사는 자신의 유일한 희망인 메이블마저 살해해 버리고 맙니다. 결국 이 상태에서 벗어날 수 있는 유일한 방법은 자살밖에 없다는 것을 깨닫지요. 그는 속죄하며 스스로 목숨을 끊습니다.

이 작품에서도 동물적 속성에 지배당한 인간의 공포가 아주 잘 그려지고 있습니다. 그렇다면 이 이야기들에서 나타나고 있는 우리 근대인들의 특징적인 의식 구조는 무엇일까요?

우선 '동물적 속성=몸'과 '신적 속성=이성'으로 분리되는 것을 확인할 수 있지요. 이것은 단순히 분리되는 차원에서 그치지 않고 자못 대립적인 양상을 띠기까지 합니다. 몸은 매우 열등하고 부정적인 것으로, 이성은 매우 우월하고 긍정적인 것으로 말이지요.

따라서 몸의 욕구는 천하기 때문에 이성에 의해 억제되고 통제되어야 한다고 생각합니다. 그래서 이성이 몸에 대한 통제력을 잃어버리는 것, 즉 동물적 속성이 인간을 지배하게 되는 것은 커다란 공포로 다가올 수밖에 없습니다.

이러한 의식 구조라면 당연히 몸에 새기는 문신을 부정적으로 볼 수밖에 없지요. 몸을 자기 표현의 적극적 매체로 삼는 문신과 같은 행위는 하이드 씨로 살겠다는 선언이나 다름없으니까요. 당연히 문신한 사람들과 마주치면 이성에 반란을 일으키는 사회적 일탈 집단으로 보게 되겠지요.

) 곰이 되고 싶은 인간 (

위와 같은 우리의 의식 구조와 반대 지점에 있는 것이 바로 선사 시대의 신화적 사유입니다. 다음의 신화를 함께 읽어 볼까요? 시베리아와 사할린에 살고 있는 소수 민족인 길리약 족의 이야기입니다.

한겨울이었습니다. 길리약 족 청년 한 명이 강의 상류 쪽으로 올라가고 있습니다. 물고기 말린 것을 보관하는 창고에서 식량을 가져오기 위해서입니다.

그런데 썰매를 타고 가던 그 청년이 도중에 길을 잃고 맙니다. 오랜 시간 동안 숲을 헤매 다니던 그 청년은 봄이 되어서야 가까스로 식량 창고를 찾을 수 있었습니다. 청년이 기쁜 마음을 감추지 못한 채 식량 창고 앞으로 허겁지겁 달려가자 낯선 사람이 앞을 막아섰습니다.

"어서 오너라, 나와 함께 우리 마을에 가자꾸나."

"아저씨네 마을이라구요? 얼마나 가야 하는데요?"

"아주 가까운 곳에 있지."

청년은 낯선 사람을 따라갔습니다. 정말로 얼마 가지 않아 마을이 하나 나타났습니다. 그 마을 가운데에 커다란 집이 한 채 있었는데, 그 집 앞에는 엄청나게 많은 개들이 모여 있었습니다. 자세히 보니, 그 개들은 청년이 살던 마을에서 곰을 사냥할 때 제사를 지내면서 바친 것들이었습니다.

두 사람은 그 커다란 집의 가운뎃방을 향해 걸어갔습니다. 여기저기에 곰 가죽들이 놓여 있는 게 눈에 띄었습니다. 방문을 열자 사람들이 방 안 가득 옹기종기 모여 앉아 있었습니다. 가운데에는 노인이 한 명 앉아 있었구요. 노인은 청년을 보자 고개를 주억거리며 말했습니다.

"자네는 강 아랫마을에서 왔군그래. 우리는 숲 사람(숲의 신＝곰)이라네. 자네는 곰 제사 때 우리를 위해 식량을 참 많이도 바쳤지. 자네가 원한다면 이 곳에서 우리와 함께 지내도 좋네."

그들은 3일 동안 먹고 3일 동안 잠을 잤습니다. 3일 동안 잠을 자고 난 어느 날. 노인이 말했습니다.

"오늘 강 아랫마을 사람들이 곰 사냥을 할 게다. 사랑하는 나의 아이들아. 너희들 중 누가 내려가는 것이 좋겠느냐?"

그러자 여기저기서 심장이 아프다는 둥 목이 아프다는 둥 하면서 핑계를 대는 소리가 들렸습니다.

"우리들 중 누구 하나는 꼭 내려가야 한다. 다시 한 번 잘 생각해 보거라."

그러자 아랫목에 앉아 있던 청년이 일어서면서 말했습니다.

"아무도 갈 수 없다면 저를 보내 주십시오."

이윽고 청년은 가운뎃방을 나와 곰 가죽을 뒤집어썼습니다. 그러자 청년은 곰으로 변했습니다. 곰은 불 주위를 몇 차례 어슬렁거리다 강 아래쪽으로 내려갔습니다. 그 곳에서 6개월을 머물렀습니다.

어느 날 강 아래로 내려갔던 곰이 다시 돌아왔습니다. 곰 사냥 제사 때 사람들이 바친 식량들을 썰매에 가득 싣고 돌아온 것이었습니다.

세월이 더 지난 후, 그 청년은 강 아래쪽에 있는 자신의 집으로 돌아갔습니다. 그는 한 달 가량 집에 머물면서 강 위쪽에서 만났던 숲 사람들의 이야기를 들려 주었습니다. 그러나 아무도 믿으려 하지 않았습니다. 청년은 오래지 않아 세상을 떠났습니다.

위의 신화에서는 인간이 곰이 되기도 하고 곰이 인간이 되기도 합니다. 말하자면 곰과 인간의 구분이 없습니다. 동물이 되는 것에 대한 두려움은커녕 오히려 곰이 인간보다 우월한 위치에 있다고도 볼 수 있습니다.

이것은 우리의 〈단군 신화〉에도 그대로 반영되어 있지요. 〈단군 신화〉에 의하면 곰이 굴 속에서 백일을 지낸 후 인간이 됩니다. 우리가 잘 아는 웅녀이지요. 웅녀가 환웅과 결혼하여 아들을 낳았는데, 그가 바로 단군입니다. 단군은 고조선을 세워서 다스리다가, 산으로 돌아가 산신이 되지요. 단군이 산신이 되었다는 것은 곧 곰이 되었다는 것을 의미합니다. 곰 수렵 종족에게 있어서, 곰은 최고 신인 동시에 조상신이니까요.

이 이야기에 나타나는 의식 구조의 특징은 무엇일까요? 인간이 동물이 되기도 하고 동물이 인간이 되기도 한다는 것은 동물적인 것과 인간적인 것, 즉 몸과 정신을 나누어서 생각하지 않는다는 것을 뜻합니다.

실제로 우리 나라를 포함해서 동북 아시아의 신화에서는 흔히 인간의 혼을 세 개라고 생각합니다. 자유혼, 뼈의 혼, 살의 혼이 그것입니다. 자유혼은 우리가 흔히 말하는 보통의 영혼, 이를테면 정신이라 부르는 것이지요. 영혼만이 혼이 아니라 몸도 뼈의 혼, 살의 혼인 셈입니다. 그야말로 정신과 몸을 구분하지 않는 사고라 할 수 있습니다.

그리고 몸과 정신을 구분하지 않는다는 것은 몸의 지위가 대단히 높다는 것을 의미하기도 합니다. 몸과 정신을 구분해서 보지 않는, 달리 말해 몸의 지위가 대단히 높은 것은 선사 시대의 신화적 사유들이 가지는 특성이지요.

이러한 의식 구조를 가지고 있다면 당연히 문신을 신성한 것으로 보지 않겠습니까? 신화적 사유에서는 몸과 정신을 구분해서 보지 않기 때문에, 몸에 문신을 새겨 꾸미는 일은 곧 영혼에 문신을 새겨 꾸미는 종교적 행위와 같은 셈이 되니까요.

이제까지 근대 산업 사회를 살아온 우리의 의식 구조와 선사 시대 사람들의 의식 구조를 비교해 보았습니다. 이 비교를 통해서 문신에 대한 긍정적·부정적 태도가 의식 구조에서 몸의 지위의 높고 낮음과 관련돼 있다는 사실을 눈치 챘을 겁니다.

시대에 따라 몸의 지위가 높으면 문신이 긍정적인 것으로 여겨지고, 몸의 지위가 낮으면 문신이 부정적인 것으로 여겨집니다.

자, 그러면 이러한 결론을 요즘의 아이들에게 적용해 봅시다. 요즘의 아이들은 문신과 같이 자기 몸을 적극적인 표현의 매체로 삼는 것을 누구나 할 수 있는 긍정적 행위로 여깁니다. 문신을 범죄 집단의 표시 정도로 생각하는 우리 세대와는 많이 다르지요.

아이들의 이러한 변화는 그들의 의식 구조에서 몸의 지위가 매우 높아졌다는 것을 의미합니다. 우리 세대처럼 몸의 욕구를 천하다고 생각하지 않으며, 몸이 이성에 의해 무조건 통제되어야 한다고도 생각하지 않습니다.

물론 그렇다고 해서 아이들이 갑자기 우리 세대와는 전혀 다른 인종이 되었다는 뜻은 아닙니다. 아이들도 몸과 정신을 나누어 본다는 점에선 근대인들의 범주에서 크게 벗어나지 않으니까요.

다만 우리 세대에 비해 몸과 정신을 덜 대립적으로 본다는 뜻이지요. 결국 의식 구조 속에서 몸의 지위가 상대적으로 높아져 있다는 걸 의미합니다.

)몸의 정체성(

요즘 아이들의 이러한 의식 구조 변화는 언뜻 아주 간단한 일 같아 보입니다. 하지만 전혀 간단한 일이 아닙니다. 그들의 가치관과 행동에 큰 변화를 가져오게 되니까요. 아이들의 의식 구조에서 몸의 지위가 크게 높아졌다는 사실은 자기 정체성의 주된 근거가 몸이 되었다는 것을 의미합니다.

자기 정체성의 근거를 놓고 볼 때, 우리 세대는 위선자의 소질을 다분히 가지고 있습니다. 우리 같은 근대인들은 근본적으로 종교적 인간이 아니라 세속적 인간이니까요. 따라서 몸의 욕구를 따르는 행동이 생활의 거의 전부를 차시하고 있습니다.

그런데도 생각 속에는 자기 정체성의 근거가 머리, 즉 정신과 이성에 있다고 믿습니다. 다분히 이중적이지요. 그래서 흔히들 어느 정도의 진보적 이념을 가졌다든지, 또 어느 정도의 교양을 갖추었다든지 하는 것을 자기 정체성으로 내세우고 싶어합니다.

　요즘의 아이들은 적어도 위선자는 아닙니다. 자기 정체성을 우리 세대보다는 훨씬 더 분명하게 내세울 줄 알거든요. 몸을 통해서 말입니다. 그러면 이제, 맨 처음에 이야기했던 나이스 운동화 사건으로 되돌아가 봅시다.

　나와 집사람은 나이키 정품 운동화를 신든 유사 상품인 나이스 운동화를 신든 아무런 상관이 없다고 생각합니다. 왜냐 하면 자기 정체성의 주된 근거가 머릿속에 든 진보적 이념, 즉 지적 소양에 있다고 믿기 때문이죠. 자기 정체성은 머릿속에 들어 있는 정신으로부터 오는 것이므로, 까짓것 몸에야 좀더 나은 걸 걸치든 좀 덜한 걸 걸치든 별 상관이 없다고 생각합니다.

　그런데 딸아이는 다릅니다. 딸아이의 의식 구조에서는 몸의 지위가 훨씬 더 높기 때문에 자기 정체성의 주된 근거가 몸에 있습니다. 소비 사회에서 몸의 정체성은 어떤 브랜드를 소비하는가에 따라 결정됩니다. "나는 이런저런 브랜드의 운동화와 옷, 장식품을 소비하고 있고, 그런 브랜드를 소비하는 문화를 가진 집단에 속해 있어."가 자기 정체성의 주된 근거가 되는 셈입니다.

　딸아이의 자기 정체성이 여기에 있다면, 나이키 정품 운동화를 신느냐 나이스 운동화와 같은 유사품을 신느냐 하는 것은 매우 중요한 문제가 됩니다. 나이스 운동화와 같은 유사품을 신고 아이들 앞에 나타나는 것은 "나는 가짜야." 하고 공개적으로 선언하는 것이나 다름없기 때문이지요.

그러니 나이스 운동화를 신고 가느니 맨발로 가는 게 나을 수도 있습니다. 아이들 앞에서 "나는 가짜야."라고 선언하는 것보다야 "재수없게 신발을 잃어버렸어."라고 하는 편이 낫지 않겠습니까?

그런데 왜 어느 시대에는 인간의 의식 구조에서 몸의 지위가 높고, 또 어느 시대에는 몸의 지위가 낮은 것일까요? 이 물음에 답하기 전에 시대별로 사람들이 가졌던 의식 구조의 특성을 정리해 보도록 합시다.

선사 시대 종교적 행위 혹은 신성성의 표현으로서, 매우 긍정적. 몸과 정신을 분리해서 보지 않으며, 의식 구조 속에서 몸의 지위가 대단히 높다.

고대 국가부터 중세까지 노예나 범죄자의 표시로서, 극히 부정적. 개인적 차원에서는 몸과 정신을 분리해 보지 않으나, 사회적 차원에선 몸과 정신을 엄격하게 분리해서 바라본다. 여기서 몸의 지위는 대단히 낮다.

근대 산업 사회 사회로부터 일탈한 집단의 자기 표시로서, 부정적. 몸과 정신을 분리해서 보며 대립적인 것으로 인식. 몸의 지위가 낮고 정신, 즉 이성의 지위가 대단히 높다.

지식 기반 사회 적극적인 자기 표현의 매체로서, 긍정적. 몸과 정신을 분리해서 보기는 하지만, 심각하게 대립한다고 여겨지는 않는다. 몸의 지위가 상대적으로 높고 정신, 즉 이성의 지위가 상대적으로 낮다.

)눈에 보이지 않는 교육 과정?(

　의식 구조에서 몸의 지위가 낮은 시대들의 공통점은 무엇일까요? 고대 국가부터 중세까지는 농경 사회였습니다. 농경 사회는 자연 재해와 같은 예외적인 경우를 빼면, 부와 권력의 형성에 인간의 육체 노동력이 절대적으로 중요한 역할을 합니다.

　근대 산업 사회도 마찬가지입니다. 대규모 공장에서 일하는 노동자들에게는 노동력이 사회적인 부와 권력의 형성에 절대적으로 중요한 영향을 끼칩니다. 따라서 인간의 몸을 어떤 식으로 통제하여 순응하게 만드느냐, 하는 것이 아주 중대한 문제가 될 수밖에 없습니다.

　고대 국가부터 중세까지는 신분제를 운명으로 받아들이는 종교적 관념을 통해 인간의 몸을 순응적으로 만들었습니다. 왕이나 영주는 고귀한 머리, 즉 정신에 해당하고 농민이나 농노는 천한 손발, 즉 몸에 해당합니다.

　그것은 신이 정해 준 운명이기 때문에 받아들일 수밖에 없습니다. 왕이나 영주의 입장에서는 농노가 자신의 노예적 지위를 운명으로 받아들이게 되면 부리기가 한결 편할 것입니다. 그 육체 노동력을 이용하여 더 많은 부와 권력을 창출할 수 있을 테니까요.

　그런데 근대 산업 사회에서는 (사람들의 의식 구조에서) 몸의 지위를 최대한 낮추고 이성의 지위를 최대한 높이려 애를 쓰지요. 이성에 의한 몸의 통제를 제도화함으로써 인간의 몸을 순응적으로 만들기 위해서입니다. 감옥이나 군대, 학교 등은 그 전형적인 제도들이죠.

학교를 예로 들어 볼까요? 근대 학교 교육에서 국가는 국민으로부터 교육과 관련된 이성적 권리(교육권)를 위임받은 이성의 대표자입니다. 국가는 이 교육과 관련된 이성적 권리를 학교에 위임하고, 교사는 학생을 대상으로 교육과 관련된 이성적 권리(교권)를 구체적으로 행사합니다.

말하자면 근대 학교에서 교사는 통제하는 이성이고, 학생은 통제받는 몸인 셈이죠. 이성적 권위에 순응적인 몸을 만들어 내는 것은 근대 학교 교육의 (숨겨진) 중요한 목표이구요.

그렇기 때문에 근대 학교에서는 지식의 전수와 같이 눈에 보이는 교육 과정 못지않게, 엄격하게 반복되는 시험이나 시간표처럼 규율에 순응하도록 만드는, 눈에 보이지 않는 교육 과정이 중요한 역할을 합니다.

우리와 같은 기성 세대의 의식은 근대 사회와 근대 학교 교육의 산물인 셈입니다. 그렇기 때문에 의식 구조에서 몸의 지위가 대단히 낮고 이성의 지위가 대단히 높습니다. 몸의 욕구는 매우 천해서 억제되고 통제되어야 하는 것으로 생각하지요.

그런데 요즘의 아이들은 그렇지 않습니다. 몸의 욕구를 그렇게 천하다고 생각하지도 않고, 그렇게 일방적으로 통제당해야 한다고도 생각하지 않습니다.

왜 이런 변화가 일어났을까요? 그것은 아마 지식 기반 사회로의 변화와 관련이 있을 겁니다. 지식 기반 사회에서는 사회·경제적인 부와 권력 형성에 지식 노동력이 가장 중요합니다.

육체 노동력은 이전의 중요성을 상실하고 있습니다. 이것은 곧, 지식 기반 사회에서는 인간의 몸을 순응적으로 만들 필요가 줄어들었다는 것을 의미합니다. 필요성의 감소에 따라, 이성에 의한 몸의 통제를 제도화해 온 근대적 시스템들이 약화·이완되고 있습니다.

학교도 그 중의 하나입니다. 소비 사회의 도래는 이러한 변화를 가속화합니다. 몸의 욕구를 억제하면 소비 사회와 정면으로 충돌하게 됩니다. 소비 사회는 욕구의 기하급수적인 증식을 통해서만이 존속할 수 있으니까요.

인간의 의식 구조에서 몸의 지위가 높은 시대에서는, 인간의 육체 노동력이 절대적으로 중요하지는 않습니다. 수렵이나 채취를 하면서 살았던 선사 시대가 가장 그렇지요.

그 때는 인간의 생존과 물질적 풍요 여부를 결정하는 절대적 요인이 자연 환경이었습니다. 인간의 노동력은 부차적인 요소에 불과했지요. 이런 사회에서는 인간의 몸을 통제할 필요가 없기 때문에 의식 구조 속에서 몸의 지위를 낮출 이유 또한 없었습니다.

여기까지 살펴보면 아이들의 의식 구조 변화는, 사회 변화로부터 오는 것임을 알 수가 있습니다. 바꾸어 말하면, 사회 변화란 멀리서 이루어지고 있는 것이 아니라, 바로 우리 곁의 아이들에게서 가장 먼저 일어나고 있는 것입니다.

) 우리에게 배달된 판도라의 상자 (

내 나이 또래의 부모님들을 만나서 이야기를 나누다 보면, "우리 아이들이 나와 전혀 다른 인종 같아 보일 때가 많아요."라는 말을 많이 합니다. 이제까지 나눈 이야기를 통해서 보면 충분히 그렇게 느낄 만도 하죠?

언젠가 〈뉴욕 타임스〉에서, 여러 분야의 변화 자료들을 분석하면서 다음과 같은 결론을 내린 적이 있습니다.

> 과거 산업 시대에서 10년 간 일어났던 변화가 지금은 1년 사이에 일어나고 있다.

아마 산업 시대에도 이와 비슷한 이야기를 했겠지요. 전통 시대에 10년 간 일어났던 변화가 산업 시대인 지금은 1년 동안에 일어나고 있다고 말입니다.

실제로 지금 1년 동안의 변화는 우리가 살아왔던 산업 시대의 10년 동안의 변화에 해당하고, 전통 시대 100년 동안의 변화에 해당합니다. 아마도 이러한 변화의 가속도가 우리 사회에서 구체화된 것은 1980년대 말엽에서 1990년대 초엽 사이일 것입니다.

참으로 무서운 변화의 속도지요? 희망보다는 두려움과 불안을 느끼게 할 만큼 빠른 속도입니다. 그렇다고 변화를 외면할 수도 없는 노릇입니다. 무엇보다도 그러한 변화는 우리 곁에 있는 아이들을 통해서 가장 먼저 오니까요.

 다른 건 디 돼도 아이들을 외면하고 살 수는 없잖습니까? 어쩌면 우리의 아이들은 새로운 문명의 도래와 함께, 어느 날 문득 우리에게 배달돼 온 판도라의 상자인지도 모르겠습니다.

 '그리스 로마 신화'를 한번 살펴볼까요?

 프로메테우스는 제우스로부터 불을 훔쳐다 줌으로써 인간에게 문명을 선사합니다. 인간들은 그 불 덕분에 추위와 맹수의 공격으로부터 벗어났을 뿐만 아니라 지혜를 얻게 되죠. 인간의 문명이 시작된 겁니다.

 그런데 제우스는 불을 훔쳐 간 것에 화가 나서 프로메테우스에게 벌을 줍니다. 독수리에게 프로메테우스의 간을 파먹게 하죠. 프로메테우스의 간은 아무리 파먹어도 다시 생겨나기 때문에 그 벌은 영원히 끝나지 않습니다.

 제우스는 인간에게도 아주 교활한 방법으로 벌을 줍니다. 판도라는 아주 아름다운 여자를 만든 뒤, 그녀의 머릿속에 호기심을 잔뜩 집어 넣죠. 그런 다음, 뚜껑을 단단히 씌운 상자를 하나 줍니다. 이 상자는 절대로 열어 보아선 안 된다는 경고와 함께. 그리고 인간 세상으로 내려보내지요.

 판도라는 인간 세상으로 온 뒤 아주 우울한 나날을 보냅니다. 호기심이 잔뜩 이는데 상자를 열어 볼 수가 없었기 때문입니다. 그러던 어느 날, 판도라는 도저히 호기심을 이길 수가 없어 상자를 열고 맙니다. 그러자 질투, 절망, 노동, 거짓말, 불신 등과 같은 온갖 불행이 튀어나왔죠. 깜짝 놀란 판도라가 상자의 뚜껑을 급히 닫는 바람에, 그 맨 밑바닥엔 희망이 남게 되었습니다.

이 신화는 인간이 급격히 변화하는 미래에 대해 느끼는 일차적 감정이 두려움과 불안임을 잘 나타내 주고 있습니다. 아이들의 변화가 무엇을 의미하는지 10년 남짓 찾아 헤맸다고는 하지만, 나 역시 아이들을 볼 때 드는 솔직한 느낌은 두려움과 불안입니다.

아이들의 변화가 요구하는 학교와 사회의 변화 폭이 대단히 넓고 깊으니까요. 내가 과연 그러한 변화를 잘 감당해 낼 수 있을까, 하는 두려움과 불안이 가슴 한구석에서 피어오르곤 합니다.

어쩌면 지금 우리 사회의 전반을 사로잡고 있는 감정은 바로 이 급격히 변화하는 미래에 대한 두려움과 불안인지도 모릅니다. 특히 교육 부문을 보면 더욱 그런 생각이 많이 듭니다.

모두들 눈을 꼭 감은 채 판도라의 상자를 여는 사람들과 같습니다. 두려움과 불안은 눈을 감고 있을수록 점점 더 크게 와 닿습니다. 그래서 커지는 두려움과 불안만큼 각자 살아 남을 비법에만 골몰하는 것 같습니다.

'우리 아이만은 무사히 살아 남을 방법이 없을까?', '우리 교사들의 밥그릇만은 지키는 방법이 없을까?', '우리 관료들의 자리만은 그대로 유지하는 방법이 없을까?' 하구요. 교육에 대한 이야기들이 무슨 큰 이권을 사이에 둔 다툼처럼 되는 것도 바로 여기에 원인이 있는 듯합니다.

두려움과 불안을 이기는 방법은 눈을 크게 뜨는 것뿐입니다. 좀 끔찍하게 여겨지는 게 있더라도 눈을 크게 뜨고 끝까지 보아야 희망을 찾을 수 있습니다.

한 사회를 사로잡고 있는 감정이 두려움과 불안이라는 것은, 그 사회가 앞으로 나갈 힘을 잃고 뒷걸음질치고 있다는 걸 의미합니다. 그걸 방치하면 우리 모두에게 살 길이 없어집니다. 내가 설익고 어설픈 답을 들고, 감히 여러분에게 말을 거는 이유가 바로 여기에 있습니다.

왕따 현상은 급격히 변화하는 아이들과 변하지 않는 학교 체제 사이의 충돌에서 비롯된 것입니다. 아이들을 옛날로 되돌릴 수 없다면, 학교 체제를 아이들에게 맞게끔 변화시켜야 하지 않을까요? 요즘 아이들은 자기의 주관적 느낌을 몹시 중요시합니다. 그만큼 자기 주장이 강하다는 것이지요. 이런 아이들의 또래 집단이 자기 에너지를 발산할 공식적 통로를 찾지 못하면 달리 무슨 방법이 있겠습니까? 음성적인 방법을 모색할밖에요.

제 2 장

아이들에게
중요한 일은
왜 학교
화장실에서
일어날까?

)이상한 예행 연습(

얼마 전 딸아이를 데리러 인천 공항에 갔습니다. 딸아이 혼자서 한 달 간 터키에서 배낭 여행을 하고 돌아오는 길이었죠. 우리 때는 상상도 할 수 없었던 일입니다. 더구나 여자아이 혼자, 그것도 전쟁이 한창인 이라크 옆의 나라에 간다는 건 있을 수 없는 일이지요.

딸아이는 아주 늦게야 나왔습니다. 기다리는 동안, 출구로 빠져 나오는 사람들을 곰곰이 지켜보았습니다. 서양 사람들이나 아랍 사람들, 일본 사람들, 중국 사람들, 동남 아시아 사람들은 모두 우리 나라 사람들에 비해 얼굴이 순하게 느껴졌습니다.

우리 나라 사람들 중에서도 젊은이들은 표정이 순한 편이었지요. 하지만 어른들은 좀 사나워 보이더군요. 특히 아주머니들의 인상이 그랬습니다.

한 떼의 아주머니들이 난제 여행을 다녀오는지 왁자지껄하게 출구를 빠져 나왔습니다. 나는 한참 동안 공항이 대초원으로 변하는 것 같은 착각을 느꼈습니다. 아주머니들의 인상이 꼭 칼을 휘두르며 말을 타고 질주하는 징기스칸의 여전사들 같았으니까요.

아주머니들이 요란하게 말굽 소리를 내며 지나가는 동안, 나는 "누가 감히 저 여전사들에게 맞서랴. 아무래도 우리 사회를 떠메고 가는 건 저 아주머니들인 것 같아." 하고 혼자서 중얼거렸습니다.

아닌 게 아니라 잘 나가던 사업이 망했다든지 해서 한 가족이 위기에 몰렸을 때, 아주머니들은 징기스칸의 여전사들보다 더 무서운 존재로 돌변하지요. 꼭 그런 위기 상황이 아닐 적에도 아주머니들이 징기스칸의 여전사로 변할 때가 있습니다. 언제일 것 같습니까?

바로 자신의 아이가 고등학교 3학년이 되어 대학 입시를 눈앞에 두고 있을 때입니다. 아이가 고등학교 3학년이 되면 집안에 비상 계엄령이 선포되지요. 아이의 어머니는 비상 계엄 사령관으로 등극을 하구요.

곧 이어 대학 입시에 장애가 되는 일체의 가치관에 대해 언론 통제가 이루어집니다. 뿐만 아니라 한시적으로나마 대학 입시에 관한 한 긍정적인 가치관을 가질 것이 요구됩니다. 그리고 가족들의 노동력과 일체의 자원이 고등학교 3학년짜리 아이에게로 우선적으로 집중됩니다.

터키에 배낭 여행을 다녀온 딸아이가 고등학교 3학년일 때, 우리 집에도 물론 비상 계엄령이 선포되었습니다. 어느 날 집사람이 징기스칸의 여전사로 돌변하면서, 이제부터 모든 권한은 계엄 사령관인 자신에게 속함을 엄숙히 선포하더군요.

그리고 일체의 쓸데없는 언사를 금하며, 주어지는 역할에만 충실하라는 포고령이 발표되었습니다. 나에게 주어진 역할은 새벽 1시가 넘어서야 집으로 돌아오는 딸아이를 마중 나가 호위하는 것이었습니다.

술을 먹고 들어가서도, 피곤해서 잠이 들었다가도, 집사람의 성화에 그 시간이 되면 어김없이 일어날 수밖에 없었죠. 그러던 어느 날 아침이었습니다.

"아빠, 오늘부터 데리러 오지 않아도 돼요."

"왜?"

"글쎄, 제가 알아서 올게요."

"길도 어두운데 괜찮겠어?"

"친구랑 같이 오면 돼요."

그날 밤, 나는 모처럼 느긋한 마음으로 일찍 잠자리에 들었습니다. 그런데 새벽 1시쯤이 되자 집사람이 어김없이 흔들어 깨우더군요.

"친구들이랑 같이 온다고 나오지 말랬는데……."

하고, 다시 자리에 누우려 했습니다. 집사람이 그래 가지고 애를 대학이나 보내겠냐는 둥 하면서 궁시렁대기 시작했습니다. 다른 건 다 버틸 수 있는데, 이 궁시렁거리는 것만은 참 버티기가 힘들더군요.

하는 수 없이 졸리는 눈을 비비며 어두컴컴한 골목으로 나갔습니다. 버스 정류장 쪽으로 부지런히 걸어가고 있는데, 저만치 앞에서 대학생처럼 보이는 남녀 둘이서 팔짱을 끼고 오는 모습이 눈에 띄었습니다. '고 녀석들, 참 좋을 때다.' 하고 지나치려는데 갑자기 여자아이가, "아빠!" 하고 불렀습니다.

깜짝 놀라서 돌아다보니까 대학생인 줄 알았던 그 여자아이가 바로 우리 집 딸아이였습니다. 남자 녀석이 얼른 팔짱을 풀더니 머쓱한 얼굴로 물러섰습니다. 순간 뭐라고 말하기도 뭣하고 해서 어물거리는데, 남자 녀석이 고개를 꾸뻑 하는 둥 마는 둥 하고 뱀 꼬리 감추듯 사라져 버렸습니다.

가슴이 덜컥 내려앉더군요. 우리 세대의 관념에 따르면 남녀가 사귄다는 것은 보통 일이 아니지 않습니까? 그런 일이 고등학교 3학년 때 일어났으니, 이것을 어떻게 풀어가야 할지 걱정이 앞섰지요.

"이거, 참 이상한 예행 연습이다?"

나는 딸아이의 손을 잡으며 애써 웃었습니다.

"뭐가?"

"결혼식할 때 대개 아빠가 손을 잡고 가서 신랑에게 넘겨주는데……. 이건 거꾸로잖아."

속으로는 '이 자식이 지금 어느 땐데……. 정신이 있는 놈이야, 없는 놈이야?' 하고 부글부글 끓으면서도 아무렇지도 않은 척 짐짓 가볍게 이야기했습니다.

"에이 아빠, 지금 남자 친구하고 결혼하고 무슨 상관이 있다고 그래요?"

"공부하는 데 방해되진 않니?"

"남자 친구가 뭐 별거라고 공부에 방해가 돼요? 그냥 다 그렇게 사귀는데……."

딸아이는 내가 걱정하는 것이 도리어 이상하다는 듯 심드렁하게 말했습니다. 하긴 요즘 아이들의 남녀 관계는 우리 세대하고는 많이 다르겠지, 싶으면서도 마음 한구석이 영 편하지 않았습니다.

잠자리에 들기 전, 걱정스런 마음을 떨칠 수가 없어서 집사람에게 슬쩍 이야기를 꺼내 보았습니다. 집사람은 벌써부터 알고 있는 눈치였습니다. 마음 한켠에서는 걱정이 되면서도, 괜스레 굴러다니는 폭탄을 건드려서 터뜨리게 될까 봐 그냥 두고 보는 모양이었습니다.

그 뒤부터 반쯤은 그 녀석이 데려다 주는 눈치고, 반쯤은 내가 가서 데려오곤 했지요. 그렇게 시간이 흐르고 흘러, 이제 시험이 목전으로 다가왔을 때였습니다.

그 녀석이 어디로 사라져 버렸는지, 매일같이 내가 딸아이를 마중 나가게 되었습니다. 아무래도 이상하게 생각되어서, 어느 날 저녁 딸아이에게 슬쩍 물어 보았습니다.

"요새는 왜 남자 친구가 데려다 주지 않냐?"

"헤어졌어요."

나는 망치로 머리를 한 대 얻어맞은 듯한 기분이었습니다. 우리 세대의 경험에 비추어 보면, 잘 사귀던 남자와 여자가 헤어진다는 것은 몹시 심각한 일이지 않습니까? 시험도 며칠 남지 않았는데,

이런 심각한 사태가 일어났으니 큰일이다 싶었죠.

"괜찮나?"

"네, 그냥 여자 친구보다 조금 더 특별한 친구였을 뿐이에요."

집사람과 나는 걱정스런 눈빛으로 딸아이를 한동안 지켜보았습니다. 그런데 정작 딸아이는 자신의 말대로 이렇다 할 일 없이 잘 지내고 있었습니다. 그리고 멀쩡하게 대학생이 되었습니다.

어느 날 저녁, 가족들끼리 모여서 밥을 먹다가 우연히 결혼 얘기가 나왔습니다. 딸아이가 불쑥 스쳐 지나가는 말처럼 한마디 하더군요.

"자 보지도 않고 어떻게 결혼을 해요?"

"허, 요놈의 자식 봐라."

짐짓 웃으면서 지나쳤지만, 속으로는 또다시 머리를 한 대 얻어맞은 듯한 기분이 들었습니다. 그 뒤, 딸아이가 던진 그 말은 많은 것들을 생각해 보게 했습니다. 요즘 아이들의 남녀 관계나 결혼관에 대해서 말입니다. 우리 세대가 가지고 있는 남녀 관계나 결혼관에 대해서도 새삼 돌이켜보게 만들었구요.

우리 세대의 남녀 관계나 결혼관에는 우리 세대의 의식 구조가 그대로 반영되어 있습니다. 이성의 지위가 높고 몸의 지위가 낮은 우리 세대의 의식 구조는 몸의 욕구를 아주 천한 것으로 여기고 있지요. 그래서 당연히 이성에 의해 억제되고 통제되어야 마땅하다고 생각합니다.

남녀 관계나 결혼관의 경우도 마찬가지입니다. 남녀간이나 부부 간에 몸의 욕구가 잘 맞지 않더라도 그건 천한 것이므로 크게 괘념 치 말고 억제를 하면서 평생 동안 잘 지내야 합니다. 이런 관념에 따르면, 남녀 관계나 부부 관계는 함부로 맺을 수도 없고 함부로 파기할 수도 없는 무겁디무거운 고리가 되지요.

남녀 관계를 이토록 무겁게 생각하기 때문에, 우리 세대는 대부 분 이성에 관해 이해할 기회도 없이 성인이 되어 버리고 맙니다. 대신 이성에 대해 그만큼 무지하기 때문에 막연한 신비감을 가슴 속에 품게 되지요.

이런 이유들로 성인이 된 초기의 이성 교제는 대부분 실패를 하 고 맙니다. 이러한 실패는 대개의 남성들을 무절제한 방황 속으로 빠져들게 하지요. 이러한 방황을 겪으면서 그 동안 남성들을 옥죄 고 있던 남녀 관계에 대한 이성적 통제가 해체돼 버립니다.

그렇기 때문에 여성을 성적 대상으로 좁혀 보는 경향이 강하게 나타나지요. 이 왜곡된 여성관 때문에 방황기를 거치고 난 대부분 의 남성들은 이성 관계에서 황폐화를 맞게 됩니다.

이 황폐화를 감당하지 못해 남성들이 휴식을 갈망할 때쯤 바야 흐로 결혼이 이루어지게 되지요. 그 결혼의 성격은 부부간의 섬세 한 관계 외의 다른 측면들이 많은 부분들을 채웁니다. 종족의 유지 라든지, 사회의 최소 단위인 가정의 역할에 충실해야 한다든지 하 는…….

우리 세대의 결혼이 상대적으로 안정성이 높고 이혼율이 낮은 것은 위와 같은 결혼관의 특성에서 비롯되는 것입니다. 부부간의 섬세한 관계가 내적으로 많이 약화돼 있더라도, 다른 요소들의 비중이 크기 때문에 결혼 생활은 지속적으로 유지돼 갑니다.

이와 같은 우리 세대의 남녀 관계나 결혼관에 대해 개인적으로는 크게 옹호하고 싶은 생각이 없습니다. 너무 긴 방황과 황폐화, 그리고 감성의 억압을 대가로 지불해야 되기 때문입니다. 특히 여성의 경우엔 피해를 입을 소지가 많지 않습니까?

)자 보지도 않고 어떻게 결혼을 해요?(

요즘 아이들의 남녀 관계나 결혼관은 우리 딸아이에게서도 잘 드러나듯, 우리 세대와는 참 많이 다릅니다. 조금 전에 말했다시피, 몸의 지위가 높고 이성의 지위가 낮기 때문에 몸의 욕구를 천하다고 보지도 않고 무조건 억제되어야 하는 것으로 보지도 않습니다.

이러한 의식 구조는 결혼에서 부부간의 섬세한 관계를 중요한 요소로 만듭니다. 요즘 아이들의 이상적인 결혼상은 아마도 부부가 서로에게 마니아인 관계일 겁니다. 여기에 물질적인 풍요까지 따라온다면 금상첨화겠지요.

이혼율이 갈수록 높아지는 이유도 요즘 아이들이 가지고 있는 이 결혼상에서 비롯되는 것이라 할 수 있겠죠. 종족 유지나 가정에 대한 사회적 요구가 만들어 내는 관계들보다 부부간의 섬세한 관계를 중요시하기 때문에 결혼 생활이 쉽게 깨질 수 있습니다.

부부간의 감성적 관계는 너무나 섬세해서 아주 작은 요인들에 의해서도 쉽게 무너질 수 있거든요. 게다가 여성을 노동력으로 활용하려 하는 사회적 변화 또한 한몫을 합니다. 여성들이 사회로 진출하면서 경제적으로 독립을 하게 되니까요.

그렇다고 요즘 아이들의 성관계가 난잡할 것이라고 예측하고 단정짓는 것은 오해와 편견일 뿐이겠죠. 오히려 우리 세대의 남성들이 방황기에 형성하는 왜곡된 여성관이야말로 가장 난잡한 것이 아닐까요? 여성을 단순히 성적 대상으로 보아 왔으니까요.

우리가 살아가는 현대 사회란 갈등과 부조화, 경쟁 따위로 가득 차 있습니다. 사람은 누구나 일치와 조화에 대한 갈망을 가지고 있죠. 현실의 삶이 갈등과 부조화로 채워져 있다면 그 갈망은 그만큼 커질 수밖에 없습니다. 아마도 이 일치와 조화를 추구하는 행위에서 압도적인 부분을 차지하는 게 남녀간의 사랑이겠죠.

이렇게 보면 인간의 성이란 그것 자체가 이미 인간화된 것이어서 문화적 요소를 복잡하게 지닐 수밖에 없습니다. 인간적 성에 대한 이해도는 우리 세대보다 요즘 아이들이 훨씬 더 높다고 할 수 있습니다. 어려서부터 이성을 자연스러운 친구로 만나고, 또 상호 이해를 높이는 훈련을 많이 했으니까요.

요즘 아이들처럼 부부의 상이 서로가 서로에게 마니아인 관계라면, 우리 세대와는 비교할 수 없이 많은 준비가 필요할 겁니다. 그

만큼 요즘 아이들에겐 이성을 깊이 이해하기 위한 경험이 많이 필요할 테구요.

우리 세대의 기준을 가지고 그 경험의 기회들을 막는다면, 당신의 아이가 결혼이라는 인생의 중대한 과정에서 실패를 할 수도 있지 않겠습니까? 이 상호 이해를 높이는 과정이 반드시 성관계를 포함할 수밖에 없다고 보는 것은, 우리 세대가 가지는 경험의 한계에서 비롯된 편견이지요.

딸아이는 터키에서 사 온 카페트의 통관 절차 때문에 아주 늦게야 출구를 빠져 나왔습니다. 집으로 오는 차 안에서 터키에서 있었던 이런저런 일들을 이야기하더군요.

"남자 친구는 안 사귀었냐?"

"말을 걸어오는 애들은 많았는데 사귈 수가 없었어요."

"왜?"

"걔들은 사귀는 게 무조건 같이 자는 거거든요. 말을 걸 때, 내가 자기 맘에 든다고 이야기하고는 대뜸 그렇게 물어 봐요. 그래서 남자 친구는 못 사귀고 여자 친구들만 사귀었죠, 뭐."

"그놈들, 참 이상한 놈들이네."

"그런데 걔들 괜찮아요. 싫다고 하면 딱 돌아서지, 한국 남자들처럼 계속 치근덕대지 않거든요. 그래서 오히려 대하기가 편해요."

요즘 아이들의 말로 쿨하다는 거겠죠?

)얼짱과 몸짱, 그리고 마니아 문화(

언젠가 아동 문학을 하는 사람들이 모이는 자리에 간 적이 있습니다. 늘 그랬듯, 그날도 젊은 여성들이 대부분이었습니다. 그런데 이야기를 나누다가 대뜸 남성 작가들 중에서 얼짱을 뽑겠다고 야단을 해서 한참 동안 웃은 적이 있습니다.

웃으면서도 그런 분위기가 무척 낯설게 느껴지더군요. 우리 세대에서는 남성보단 여성의 아름다움이 자주 이야깃거리가 되었잖아요. 그러니 남성의 아름다움을 이야깃거리로 삼는 일이 익숙하게 와 닿지는 않지요.

얼짱이나 몸짱의 문화는 인터넷을 타고 급속히 번져 나갔습니다. 절도 혐의로 수배당하던 어느 여성이 얼짱으로 뽑히는 바람에 사진이 인터넷에 도배된 적이 있습니다. 그 여성은 얼굴이 너무 알려져서 더 이상 도망치기를 포기하고 자수를 했습니다. 참 웃지 못할 일이 벌어진 것이지요.

조금 전에 아이들의 의식 구조에서 가장 큰 변화는 몸의 지위가 높아진 것이라고 했을 때, 여러분들은 대부분 얼짱이나 몸짱이란 말을 가장 먼저 머릿속에 떠올렸을 것입니다. 그리고 대개는 얼짱이나 몸짱을, 외모를 중요하게 생각하는 아이들의 문화 정도로 이해하고 있을 테지요.

물론 일짱이나 봄짱의 문화에는 외모를 중요시한다는 뜻이 분명하게 담겨 있습니다. 그만큼 아이들의 의식 구조에서 몸의 지위가 높아졌다는 사실을 반영하고 있는 것이지요. 하지만 그것뿐이라면, 얼짱이나 몸짱의 문화를 굳이 요즘 아이들의 특징을 잘 드러내보이는 것이라고 꼽을 필요가 없겠지요.

얼짱이나 몸짱이란 말을 쓰지 않았을 뿐이지, 우리 세대에도 그런 문화가 없었던 건 아니니까요. 신성일이나 노주현, 백윤식, 엄앵란, 윤정희, 유지인 같은 배우들이 모두 얼짱 아니었나요? 노골적으로 드러내느냐 아니냐의 차이지, 우리 세대도 나름대로 외모에 신경을 많이 썼습니다.

그러면 얼짱이나 몸짱의 문화가 요즘 아이들의 문화로서 갖는 특징은 무엇일까요? 이 물음에 답하기 위해서 우선 우리 세대의 얼짱과 요즘 아이들의 얼짱을 비교해 보는 것이 좋을 듯합니다.

기성 세대의 얼짱 배우 신성일이나 노주현, 백윤식, 엄앵란, 윤정희, 유지인 등과 같이 유명한 인물들로, 거의 모든 사람이 인정하는 경우에 설득력을 가진다.

요즘 아이들의 얼짱 사회적으로 알려지지 않은 일반인들 가운데서 얼짱을 찾는다. 얼짱으로 정하는 기준이 다양하므로, 무수히 많은 사람이 얼짱으로 등극할 수 있다. 아이들은 자기 취향과 느낌에 따라 특정한 사람을 얼짱으로 선택하고 그 지지자가 된다. 그러므로 각각의 얼짱들은 상대적으로 많지 않은 숫자의 지지자를 가질 수밖에 없다.

기성 세대의 얼짱과 요즘 아이들의 얼짱에 어떤 차이가 있는지

금방 드러나지요? 차이가 뭡니까? 기성 세대의 얼짱은 거의 모든 사람이 공유하는 아름다움에 대한 판단 기준에 따라 정해지는 것입니다. 그에 반해 요즘 아이들의 얼짱은 개개인의 취향과 기준에 따라 다양하게 선택됩니다.

그러므로 얼짱이나 몸짱이 가지는 문화적 특성은 무수한 얼짱을 핵으로 하는 소집단, 즉 마니아 문화가 성립된다는 점입니다. 이러한 마니아 문화는 인터넷을 전제하지 않고는 이루어지기 어렵지요.

인터넷을 통한 양 방향의 의사 소통이 없다면, 그 이름 없는 무수한 사람들이 무슨 재주로 얼짱이나 몸짱으로 알려질 수 있겠습니까? 어쨌든 마니아 문화는 요즘 아이들의 특성을 가장 잘 드러내 주는 키워드라 할 수 있습니다.

우리 세대는 늘 하나의 정답을 추구해 왔습니다. 이를테면 인간 사회란 우여곡절을 겪으면서도 끊임없이 진보하여, 마침내는 이상향에 도달할 수 있다고 믿었던 거지요.

인간 사회의 역사에는 우연적 요소도 감정적 요소도 많은 작용을 합니다. 그리고 최근 환경 문제에서도 잘 드러나듯 유한한 자연이 가하는 제약도 있지요. 그런데도 사람들은 굳이 역사가 합리적인 길을 따라서 발전해, 필연적으로 이상향에 도달할 거라고 생각해 왔습니다.

이렇게 하나의 정답을 추구하는 것이 '이성의 지위가 대단히 높고 몸의 지위가 대단히 낮은' 우리 세대의 사고입니다. 우리 세대의 문화는 늘 이렇게 하나의 정답을 가지려 했습니다. 그렇기 때문에 얼짱에도 신성일이나 엄앵란과 같은 분명한 정답이 있어야 하는 것입니다.

그런데 아이들은 그렇지 않지요. 아이들의 주된 판단 기준은 주관적 느낌에서 옵니다. 이 느낌이란 건 사람마다 다를 수밖에 없습니다. 말하자면 정답이 따로 없기 때문에 자기 취향에 따라 얼짱을 선택하고, 그 얼짱을 핵으로 비슷한 취향의 아이들이 모여서 마니아 집단을 형성하는 것입니다.

요즘 아이들의 마니아적 속성은 대중 문화에도 고스란히 나타납니다. 우리 세대는 아이들이 즐겨 듣는 노래나 가수에 대해 흔히 "지금은 나훈아나 이미자, 조용필 같은 대형 가수가 없어."라는 말을 많이 합니다. 옛날처럼 사회 구성원의 대다수가 좋아하는 가수가 없다는 사실에 대해 불만을 토로하는 것이지요. 하나의 정답에만 익숙한 우리 세대로서는 충분히 가질 수 있는 불만입니다.

하지만 아이들의 입장에서 보면 이런 불만은 말이 안 되는 거죠. 아이들의 문화란 하나의 정답이 있는 것이 아니라, 마니아들로 구성된 소집단이 할거하는 것이니까요. 그러니 다양한 음악이 있을 뿐, 모든 아이들이 좋아하는 하나의 음악은 있을 수 없습니다.

우리 딸아이의 경우만 해도, 대중적으로 잘 알려지지도 않은 언더그라운드 가수에게 푹 빠져 있습니다. 이렇듯 아이들의 마니아적 속성은 이념이나 가치관, 지식에 대한 태도 등에서도 잘 드러납니다.

)마니아 문화의 벽(

2000년에 복직하고 나서의 일입니다. 15년 만에 복직을 한 만큼, 기회 있을 때마다 "뭔가 뜻있는 말을 해 주어야지." 하고 다짐을 했지요. 특히 5·18 민주 항쟁과 같이 우리 세대에게 결정적인 영향을 끼친 사건에 대해서는, 그야말로 무언가 의미 있는 이야기를 해 주어야 한다는 의무감 같은 것이 있게 마련입니다.

아이들이 크게 변했다는 걸 잘 아는 터라 나름대로는 구체적이고 흥미 있을 법한 이야기를 애써 구상하곤 합니다. 그리고 벼르고 별러서 아이들 앞에서 이야기를 꺼내 보지요.

하지만 처음부터 아이들의 반응은 당혹스럽기 그지없습니다. 교과서에 나오지 않는 이야기니까 이 기회에 쉬어도 되겠다는 듯, 수업을 잘 듣던 아이들마저 딴전을 피우죠. 간혹 쳐다보고 있는 아이들의 눈빛은 더욱더 당혹스럽습니다. "저 인간이 대체 무슨 이야기를 하는 거야?" 내지는 "그게 나하고 무슨 상관인데?" 하는 표정으로 멀뚱멀뚱 바라보거든요.

요즘 아이들의 표현을 빌리자면 한마디로 썰렁해지는 겁니다. 꺼낸 이야기를 하다 말고 도로 집어 넣을 수도 없고……. 이렇듯 진땀나게 이야기한 뒤 입이 쓴 경우를 몇 번 당하고 나면, 그 뒤부터는 그런 유의 이야기를 아예 꺼내지 않게 됩니다.

이런 경험을 두어 차례 겪은 교사들로선 월드컵 때의 붉은 악마 열풍이나 여중생 미선이·효순이가 미군 장갑차에 치어 죽었을 때 일어난 촛불 시위를 보고 깜짝 놀라지 않을 수 없었습니다.

그러나 곰곰이 생각해 보면, 실제로 그리 깜짝 놀랄 만한 일은 아니라고 할 수 있지요. 월드컵 같은 스포츠 잔치와 붉은 악마라는 강렬한 이미지는 아이들의 마니아 문화에 다가갈 수 있는 감성적 코드를 풍부하게 가지고 있으니까요.

미선이 · 효순이 사건도 마찬가지죠. 미군 장갑차의 폭력적인 이미지와 여중생이라는 가녀린 이미지의 극명한 대립은 아이들의 마니아 문화에 다가갈 수 있는 감성적 코드를 아주 넉넉히 가지고 있습니다.

이렇게 마니아 문화에 닿는 감성적 코드가 있으면, 애써 말하지 않아도 사이버 세계를 통해 급속히 확산되어 갑니다. 요즘 아이들에게 이성의 도구라 할 수 있는 논리적 언어는 무척 낯섭니다. 감성적 코드로의 접근이 안 되면 그 이상의 대화가 어렵다고 봐야 합니다.

1994년에 복직한 전교조 해직 교사들이 부딪혔던 것도 아마 이 마니아 문화의 벽이었을 겁니다. 전교조 해직 교사들이야말로 어떻게 보면 이성이 주는 하나의 정답, 즉 하나의 유토피아에 대해 대단한 열정을 가졌던 사람들이라 할 수 있습니다.

이런 교사들이 진지함과 열정을 가지고, 그 하나의 정답과 관련된 이야기를 꺼냈을 때 아이들에게서 돌아오는 반응은 뻔합니다. 교실을 활거하고 있는 마니아 소집단들과 코드가 맞지 않는 내용이기 때문에 무관심하거나 냉소적일 수밖에 없지요.

) 갈기갈기 찢긴 채 버려지는 교과서들 (

이념이나 사회적 가치에 대한 아이들의 냉담한 태도는 학교에서 가르치는 지식에 대한 태도에도 그대로 나타납니다. 아이들을 가르치는 교사로서 곤혹스러움을 느끼는 경우의 하나가 바로 교실의 쓰레기통을 들여다볼 때입니다.

평상시에도 교실 쓰레기통에는 한두 권의 교과서가 찢긴 채 버려져 있습니다. 집어 들어 보면, 대개는 수업 시간에 교과서를 가져오지 않았다고 벌을 섰던 아이의 것입니다.

아이들은 아무런 제재를 가하지 않으면 학급의 반 이상이 교과서를 가져오지 않습니다. 물어 보면 교과서를 잃어버렸다고 하지요. 학기 말이 가까워질수록 이런 현상은 더욱더 심해져서, 수업 시간에 교과서 없이 멀뚱멀뚱 앉아 있는 아이들의 수가 훨씬 더 많아집니다. 그리고 쓰레기통은 갈기갈기 찢긴 교과서들로 가득 차기 시작하지요.

우리 세대로서는 참 이해가 안 가는 일입니다. 초등학교 시절, 우리 반에 손수 교과서를 만들어 가지고 다니는 여자아이가 있었습니다. 교과서를 살 돈이 없어서 남의 책을 빌려다 베낀 것입니다. 오빠나 언니가 잘라 준 포대에다 글씨도 베껴 쓰고 크레용으로 그림도 그려 넣었더군요.

어찌나 정성스럽게 만들었던지, 하도 보기가 좋아서 내 교과서와 바꾸자고 졸랐던 기억이 있습니다. 교과서를 잃어버려서 울면서 집에 간 기억도 있지요. 우리 세대는 이처럼 교과서를 아주 소중히 여겼습니다.

우리 세대의 교과서에 대한 이런 태도는 학교 지식에 대한 태도의 반영이라고 볼 수 있습니다. 근대 학교 교육 체계에서는 학교에서 가르치는 지식은 인류 문화의 정수를 압축한 것이고, 그 지식을 담아 놓은 것이 교과서라고 이야기할 수 있습니다. 우리 세대는 이러한 학교 지식의 이성적 권위를 받아들였고, 그 때문에 교과서를 마치 경전인 양 소중히 생각했던 것이지요.

이렇게 학교 지식의 이성적 권위를 받아들이고 나면, 그 학교 지식을 얼마나 잘 암기하고 습득했느냐를 가지고 일류 · 이류 · 삼류 대학으로의 진학이 결정됩니다.

그리고 그에 따라 사회 · 경제적 지위가 결정되는 학력 사회를 당연하게 받아들이게 됩니다. 우리 세대에게 배움의 목적은 주로 그런 식으로 주어졌던 것입니다.

요즘 아이들은 교과서를 경전처럼 생각하지 않습니다. 경전은커녕 자기 교과서가 쓰레기통에 버려져 있어도 찾을 생각을 하지 않을 만큼 하찮게 여기지요. 교과서에 대한 이러한 태도는 요즘 아이들의 학교 지식에 대한 태도를 반영한 것입니다.

요즘 아이들은 '인류 문화의 정수'라는 학교 지식의 권위를 그대로 받아들이지 않는 것이지요. 아이들이 학교 지식에 대해 가지고 있는 반응은 한마디로 "그것이 나하고 무슨 상관인데?" 하는 것입니다. 학교 지식이 인류 문화의 정수라는 사실에 대해서도 동의

하지 않지요. 설령 그렇다 한들 그것이 나와 무슨 상관이냐는 것입니다.

학교 지식에 대한 이런 태도는 아이들의 경험으로부터 온다고 볼 수 있습니다. 아이들은 지식 정보량이 날마다 폭발적으로 늘어나고 있는 사이버 세계에서 살아가잖아요. 마우스로 클릭만 하면 순식간에 풍부한 정보를 얻을 수가 있는데, 교과서가 뭐 그리 대단하게 보이겠습니까?

이유야 어쨌든 요즘 아이들이 학교 지식의 권위를 부정한다는 것은 지금의 학교 체제에는 대단한 위협이지 않을 수 없습니다. 학교 지식의 권위가 부정되면 아이들에겐 배움의 목적이 사라지기 때문이지요. 배움의 목적이 사라지고 나면 학교의 지식 전수 기능은 마비되고 맙니다. 최근 들어, 학교는 매우 빠르게 그러한 상황으로 빨려 들어가고 있습니다.

지역마다 학교마다 정도의 차이는 있겠지만, 학교 수업이 공동화되어 가고 있음을 확인할 수 있습니다. 학교에서 수업을 듣는 아이들을 비율로 따져 보면 평균 20% 정도에 불과합니다. 나머지 아이들은 잠을 자거나 떠들거나 다른 짓을 하지요.

교사로서는 참 난감한 상황이 아닐 수 없습니다. 그럴수록 눈을 반짝이며 열심히 듣는 두셋의 아이들이 기특하게 보일 수밖에요. 그래서 기회 있을 때마다 불러서 이야기를 나누게 되는데, 그런 아이들은 부모님의 영향을 깊이 받아서인지 대개 우리 세대와 비슷한 생각을 갖고 있기 십상입니다. 그것도 좀 허탈한 일이더군요.

)엉뚱한 전문가들(

아이들, 특히 남자아이들은 수행 평가 과제를 잘 내지 않습니다. 성적에 반영되는 비율이 높다고 해도 소용이 없습니다. 처음에는 담임 교사의 협조를 얻어서 겨우겨우 받아내 보지만, 나중에는 그 것도 뜻대로 안 돼서 거의 빌다시피하여 과제물을 받아야 하는 지경에 이릅니다. 그렇게 하는데도 상당수의 아이들은 끝까지 과제물을 내지 않더군요.

한 번은 하도 답답한 마음이 들어서, 무엇이든 좋으니 너희들이 좋아하는 것에 대해 보고서를 작성해 보라고 했습니다. 그랬더니 놀라운 일이 벌어졌습니다. 성적도 썩 좋지 않은 데다 과제물을 맡아놓고 안 내던 녀석 하나가 500쪽에 가까운 보고서를 작성해서 제출한 것입니다.

애완견에 관한 보고서였지요. 생물학적 지식에서부터 동물학, 수의학은 물론 애완견의 수·출입 및 유통 과정, 애완견의 미용, 애완견과 인간의 정서적 교감 등등, 애완견과 관련된 모든 것이 아주 짜임새 있게 정리되어 있었습니다. 조금 과장해서 말하면, 거의 우리 나라 최고의 전문가 수준이었습니다.

이제 중학교 2학년인 녀석이 어쩌면 그렇게 훌륭한 보고서를 작성할 수 있었는지 믿기지가 않을 지경이었습니다. 나중에 아이를 불러 이것저것 물어 보았더니, 어려운 수의학 지식까지도 술술술 설명을 해냈습니다. 그 아이는 애완견의 마니아였던 것이지요.

인터넷도 뒤지고 관련 서적도 구해 읽었다고 했습니다. 그래도 이해가 안 되는 부분이 있으면, 애완 동물 가게나 동물 병원을 찾아 다니며 일일이 물어 보았다더군요. 애완견과 관련된 훌륭한 직업인이 되기 위해 필요한 일이라면 수학의 미적분은 물론, 아주 고급한 수준의 문학 작품도 기꺼이 읽어 낼 듯이 보였습니다.

대도시의 중학교에는 이렇게 엉뚱한 전문가들이 심심찮게 있습니다. 사실 요즘 아이들은 기본적으로 마니아적 속성을 가지고 있으므로 잠재적으로는 거의 다 엉뚱한 전문가들이라 할 수 있지요.

자, 여기서 여러분들에게 묻겠습니다. 이 엉뚱한 분야의 전문가인 아이들이 공부를 참 잘 하고 있다고 생각합니까? 아니면 공부는 안 하고 엉뚱한 짓만 하고 있다고 생각합니까?

이럴 때, 수행 평가 점수는 어떻게 매겨야 할까요? 분야가 어떻든 최선을 다해서 작성했으니 최고의 점수를 주어야 하나요, 아니면 엉뚱한 과제물을 냈으니 최하의 점수를 주어야 하나요?

현재 우리 나라 학교 체제의 기준으로 본다면, 이 엉뚱한 전문가들은 공부를 못 하는 것이 됩니다. 조금치도 쓸 데가 없는, 아주 엉뚱한 짓거리를 한 셈이 되지요. 학교는 모든 학생이 똑같은 지식을 똑같은 목적으로 학습할 것을 요구하고, 그 결과를 똑같은 기준으로 평가하려 듭니다.

그런데 아이들은 정작 자기 관심사가 서로 다른 만큼 지식에 대한 요구 또한 매우 다양하다는 것이지요. 학습 방식 역시 마찬가지입니다. 자기 관심에 맞기만 한다면 단순 지식의 주입과 습득을 넘어 스스로 찾아 나가는 방식을 원합니다. 아이들은 마니아적 지식욕을 가지고 있기 때문에 마니아적 학습 방법을 선호한다는 뜻입니다. 이러한 점을 압축적으로 보여 주는 에피소드가 하나 있습니다.

명호는 초등학교 5학년입니다. 누군가에게 컴퓨터를 배운 적이 없는데도 아주 잘 다룹니다. 부모님이 컴퓨터를 다룰 줄 몰라서 도와 줄 수 없으니, 혼자서 수차례의 시행 착오를 겪어 가며 필요한 것들을 찾아 익힌 까닭입니다.

그런데 이제 초등학교 1학년인 명수는 다릅니다. 컴퓨터로 게임을 하다가 모르는 게 생기면 일일이 명호에게 물어 봅니다. 명호는 그 때마다 친절하게 일러주었는데, 시간이 꽤 많이 지난 뒤에도 명수는 계속해서 명호에게 물으러 오곤 합니다.

어느 날, 명호는 몹시 화가 나서 아빠에게 동생에 대한 불만을 털어놓았습니다.

"명수는 컴퓨터에 대해서 아무것도 배우려 하질 않아요. 모르는 게 있을 때마다 스스로 해결하려 하지 않고 찾아와서 귀찮게 물어 봐요."

이 에피소드를 곰곰이 들여다보면 두 가지의 대립되는 학습관(지식관)을 볼 수 있습니다. 하나는 명호의 학습관입니다. 마니아적 학습관이지요. 명호는 필요한 것을 스스로 찾아서 자기 목적에 맞게끔 구성하는 것을 지식이라고 생각합니다.

명호의 학습관에 비추어 보면, 동생 명수는 컴퓨터에 대해서 아무런 지식도 얻은 게 없는 셈입니다. 오로지 단순 지식을 습득했을 뿐, 필요한 것을 찾아 자기 목적에 맞게 구성한 적이 없으니까요.

명호는 스스로 목적을 세우고 그 목적에 맞추어 문제점들을 해결해 나가는 능력을 키우는 것을 '배우는 것'이라고 생각합니다. 그렇기 때문에 당장의 지식을 얼마나 많이 갖고 있느냐 하는 것은 그리 중요하다고 여기질 않습니다. 명호의 학습관에 비추어 보면, 명수는 아무것도 배우지 않은 겁니다. 명수는 필요할 때마다 필요한 지식을 명호에게서 얻어 간 것이지, 스스로 문제를 해결하는 능력을 기른 적은 없기 때문입니다.

현재 우리 나라 학교에서 실질적으로 실천되고 있는 학습관은 대체로 명수의 것에 가깝습니다. 학교 교육은 스스로 목적을 세우고 그 목적에 맞게 문제를 해결해 가는 능력을 기르는 데 주안점을 두고 있지 않으니까요.

그것보다는 정답이라고 이야기되는 많은 지식들을 습득하는 데 주안점을 두고 있지요. 이것은 많은 지식을 가르치고 배우는 듯하지만, 정작 아무것도 가르치지도 배우지도 않았다고 할 수 있습니다. 명호의 입장이라면 지금과 같은 학교 교육은 필요하지 않으므로 무의미하다고 할 수 있겠지요.

이 때문에 대부분의 아이들은 학교 수업의 필요성이나 의미에 부정적일 수밖에 없습니다. 그러므로 수업이 순조롭게 진행되지 않는 것은 어쩌면 당연한 일인지도 모르겠습니다.

여러분들은 명호와 명수의 학습관 중, 어느 쪽이 더 요즘의 시대에 맞는다고 생각합니까? 명호의 학습관이 지식 기반 사회로 일컬어지는 요즘에 더 적합한 게 아닐까요?

그렇게 생각한다면 현재 학교에서 행해지고 있는 지식 전수 체계는 대단히 심각한 문제를 안고 있는 것이 됩니다. 아이들은 시대 변화에 적합한 학습관을 가지고 있는데, 학교 교육이 낡은 학습관을 버리지 못한 채 그것을 억압하는 꼴이 되니까요.

)하고 싶은 일을 할 수 있게 해 주세요!(

자, 과학 실험을 하나 해 볼까요? 준비물은 초콜릿과 양파입니다. 양파를 코에 댄 채 초콜릿을 먹습니다. 무슨 맛이 나나요? 단맛이 난다구요? 그렇다면 실험을 안 해 본 거로군요.

양파를 코에 댄 채 초콜릿을 먹으면 매운맛이 납니다. 초콜릿 맛이 양파 맛으로 느껴지는 것이지요. 왜 그럴까요? 후각과 미각은 서로 통하므로 냄새 맡은 것을 맛으로 느끼게 되기 때문입니다.

이 때 이 후각과 미각이 서로 통해 있다는 지식을 마음속 깊이 새겨야 할 아이는 누구일까요? 앞으로 일류 요리사가 되고 싶은 아이겠지요. 그렇다면 누군가가 이런 얘기를 해 줄지도 모르겠군요.

"좋은 요리사가 되려면 미각이 뛰어나야 해. 그러기 위해서는 코를 아주아주 조심해야 된단다. 후각과 미각은 서로 통해 있거든. 냄

새 맡는 능력을 잃으면 미각도 죽게 돼 있어. 그러니까 담배를 피우면 안 돼. 담배를 오래 피우면 냄새 맡는 기능이 마비돼 버리거든. 감기를 자주 앓아서도 안 된단다. 물론 싸우다가 코를 다쳐서도 안 되고……. 코를 보물처럼 다뤄야 일류 요리사가 될 수 있지."

자, 여기에 일류 요리사가 될 수 있는 천재적 소질을 가진 아이가 있다고 합시다. 스스로도 요리에 취미가 있고, 실제로 요리사가 되고 싶어하기도 합니다.

지금과 같은 교육 제도 속에서 이 아이가 교육을 받는 동안 교사나 부모, 선배 들에게서 위와 같은 충고를 들을 확률은 얼마나 될까요? 장담하건대 거의 제로에 가까울 겁니다. 그렇다면 이 아이가 요리사로서의 천재성을 잃지 않고 최종 학교를 졸업할 확률은 얼마나 될까요? 잘해 봐야 5% 정도겠지요.

우선 그 아이가 일류 요리사가 장래 희망이라고 말하면, 대부분의 사람들은 어렸을 적의 한때 생각이리라고 여길 것입니다. 그 아이의 희망이 다소 진지한 것으로 느껴질 때는 걱정스럽다는 말을 하면서 속으로 혀를 끌끌 찰지도 모릅니다.

그렇다면 그 아이의 부모는 어떨까요? 교사보다 더하면 더했지 못하지는 않을 겁니다. 아이가 커서 요리사가 되겠다고 말하면, 처음에는 역시 어려서 한때 먹은 마음이겠거니 하겠지요. 그러다 그게 그 아이의 진정한 장래 희망이란 걸 알고 나면 포기하게 만들려고 갖은 애를 다 쓸 것입니다. 그런 생각은 집어치우고 열심히 공부해서 좋은 대학에나 가라고 말이죠.

이렇게 되면 그 요리사로서의 천재적 소질을 가진 아이는 주변의 몰이해 때문에 빗나갈 가능성이 매우 크게 됩니다. 술·담배를 어린 나이에 배울 수도 있고, 몸조심을 하지 않아서 자주 감기에 걸릴 수도 있고, 싸우다가 코를 크게 다칠 수도 있습니다.

결국 지금의 학교 교육은 다양한 분야의 천재들을 죽이는 체제나 다름없습니다. 왜 우리의 학교 교육은 이렇게 되어 있는 것일까요?

우리 세대의 학교 교육에 대한 기대는 '학교 교육에서의 성공을 통해 사회·경제적 신분 상승을 이루는' 것이었습니다. 그래서 원하는 직업도 대개는 판·검사나 고위 관료, 경영인 등과 같이 사회·경제적 권력과 관계되는 것들이었지요.

학교 교육도 우리 세대의 이러한 기대에 맞게 짜여져 있었습니다. 학교는 전국의 아이들을 일등에서 꼴찌까지 한 줄로 세우는 신분 상승의 외줄 사다리였으니까요.

그 서열을 매기는 기준은 교과서 속의 지식을 얼마나 많이 습득하고 있느냐, 였지요. 말하자면 교과서는 인류 문화의 정수를 압축해 놓은 정답집이었던 셈입니다.

이러한 교육 체제 속에서는 누구나 사회·경제적 권력과 거리가 있는 직업들은 '학교라는 사회·경제적 신분 상승의 사다리에서 하위에 속하는 낙오자'들이 하는 일이라고 생각하지요. 그러니까 요리사와 같은 직업을 희망하는 아이들은 꿈을 포기하도록 압력을 받을 수밖에 없습니다.

그런데 정말 곤란한 것은 아이들은 엄청나게 변화해서 그러한 사고의 틀에 갇혀 있지 않다는 사실입니다. 학교는 아직도 우리 세대가 다녔던 모습 그대로이지만요. 요즘 아이들이 학교 교육에 대해 바라는 점을 한마디로 요약하면 '하고 싶은 일을 하면서 살도록 학교가 도와 주었으면 좋겠다.' 는 것입니다.

아이들에게 정말 네가 하고 싶은 일이 무엇이냐고 물으면, 생각보다 아주 구체적으로 이야기를 합니다. 한식 요리사, 남성 전문 헤어 디자이너, 애완 동물 관리사, 장애인을 위한 발명가, 또 무슨 무슨 일을 하는 변호사 등으로 말입니다. 직업에 대한 관심과 학교 교육에 대한 요구에 아이들의 마니아적 속성이 그대로 드러나고 있지요.

위와 같은 변화 때문에 우리 세대에겐 맞았던 학교 교육이 요즘의 아이들에겐 엄청난 억압으로 작용합니다. 아이들의 변화된 직업관과 요구, 학습관 등이 북돋워지기는커녕 학교의 지식 전수 활동으로부터 억압당하다 쫓겨날 수밖에 없는 것이지요.

그러면 학교의 주된 기능인 지식 전수 활동으로부터 쫓겨난 아이들은 학교에서 무얼 하면서 지내고 있는 걸까요?

)아이들에게 중요한 일은 화장실에서 일어난다(

학교에서 아이들에게 가장 중요한 공간은 어디일까요? 교실이라구요? 천만의 말씀입니다. 교실은 공식적으로나 표면적으로 중요한 공간이긴 하지만, 내면적으로는 그리 중요한 공간이 아닙니다. 매점이라구요? 교실보다는 훨씬 나은 대답이지만 그것도 정답은 아닙니다.

학교 다닐 때의 기억을 잘 되짚어 보십시오. 아, 화장실이라구요? 맞습니다. 학교에서 아이들에게 가장 중요한 공간은 바로 화장실입니다. 아이들에게 정말로 중요한 일은 거의 모두 화장실에서 이루어집니다. 심지어는 〈학교 괴담〉에 나오는 귀신들도 화장실에서 자주 나타나지 않습니까?

쉬는 시간이나 점심 시간에 우연히 화장실 앞을 지나가다 보면 늘 아이들이 바글바글 모여서 떠들어 대고 있습니다. 살짝 들여다보기라도 할라치면 서로 옆구리를 꾹꾹 찌르면서 일제히 입을 다물지요. 그것은 이제까지 저희들에게 무언가 매우 중요한 일을 하고 있었다는 증거입니다.

그런데 왜 하필이면 화장실이 아이들에게 그렇게 중요한 장소가 되었을까요? 왜 아이들에게 중요한 일은 모두 화장실에서 일어나는 걸까요? 그건 우리가 잘 알고 있는 근대 학교의 건물 구조를 생각해 보면 쉽게 알 수 있습니다.

앞에서 나는 우리의 근대 학교를 다음과 같이 설명하였습니다.

근대 학교 교육에서 국가는 국민으로부터 교육과 관련된 이성적 권리(교육권)를 위임받은 이성의 대표자입니다. 국가는 이 교육과 관련된 이성적 권리를 학교에 위임하고, 교사가 구체적으로 학생을 대상으로 교육과 관련된 이성적 권리(교권)를 행사합니다. 근대 학교에서 교사는 통제하는 이성이고 학생은 통제받는 몸인 셈이지요.

이성적 권위에 순응적인 몸을 만들어 내는 것은 근대 학교 교육의 (숨겨진) 중요한 목표입니다. 그렇기 때문에 근대 학교에서는 지식의 전수와 같은, 눈에 보이는 교육 과정 못지않게 엄격하게 반복되는 시험이나 시간표 같은 규율에 순응하게 만드는, 보이지 않는 교육 과정이 중요합니다.

'이성으로 몸의 통제'를 제도화한 학교의 본질은 무엇보다도 학교의 건물 형태에 잘 나타나고 있습니다. 학교 건물을 보면, 기다란 복도를 따라 교실들이 배치되어 있지요. 교실에는 복도 쪽 또는 운동장 쪽으로 많은 창문이 달려 있습니다.

복도의 가운데쯤에는 대개 교무실이 있지요. 교무실 문을 열고 복도 가운데에 서면, 교실의 상황들이 대강 파악이 됩니다. 누가 종이 쳤는데도 교실에 들어가지 않고 복도를 어슬렁거리는지, 특별히 시끄러운 교실이 어디인지 금방 알 수 있습니다.

그러니까 학교 건물은 이성(교사)에 의한 몸(학생)의 일괄 감시 통제를 아주 잘 구조화하고 있는 셈입니다. 학교 건물은 학생이 어디에 있든 교사가 언제라도 들여다볼 수 있는 특징을 가지고 있습니다. 학교 건물의 구조가 이렇기 때문에 아이들의 몸의 욕구, 달리 말해 감성적 욕구는 학교 안에서 숨쉴 데가 없습니다.

몸의 욕구라고 하니까 혹시 이상한 행위를 생각하는 분들이 있을지도 모르겠습니다. 여기서 몸의 욕구라고 하는 것은, 동급생이나 다른 학년 아이들과의 감성적 교류를 의미하는 것입니다. 바꾸어 말하면, 아이들 나름대로 또래 집단 문화를 형성하는 행위라 할 수 있겠지요.

아이들에게 또래 집단과의 감성적 교류가 막힌다는 건 참 답답한 일일 것입니다. 어떤 사람에게 진짜 중요하게 여겨지는 것은 사실 공적인 일이 아니라 사적으로 얽힌 감성적 관계들이니까요. 하지만 학교 안에서도 쉽게 들여다보기 어려운 공간이 있습니다. 화장실이 바로 그런 곳이지요.

화장실에서의 생리 행위를 타인이 들여다보면 안 된다는 건, 학교를 넘어선 사회 전체의 약속입니다. 그런데 왜 현대 사회는 타인의 생리 행위는 들여다보아서는 안 된다는 약속을 만들었을까요? 엄밀히 말해, 그것은 사회적 약속이라기보다는 근대 문명이 만들어 온 약속이라 할 수 있습니다.

'이성=인간의 신적인 속성'과 '몸=인간의 동물적 속성'을 대립시키고, 이성으로 몸을 통제하려 한 근대 문명은 인간의 동물적 측면을 끊임없이 억압하고 숨기려 했습니다. 화장실 문화가 그 대표적인 경우라 할 수 있지요.

옛날의 뒷간은 허술하기 짝이 없었습니다. 너무 엉성해서 생리 행위가 다른 사람들의 눈에 보이기도 할 뿐더러 냄새가 퍼져 가는 것을 막을 길이 도저히 없었지요. 요즘의 고급 백화점에 있는 화장실은 어떻습니까? 생리 행위를 처리하는 공간이라고 생각할 수 없을 만큼 잘 꾸며져 있습니다.

대·소변은 어쩔 수 없는 동물적 속성의 표현입니다. 그런데 근대 문명은 이 어쩔 수 없는 동물적 속성을 숨기려 노력해 왔습니다. 마침내 거의 없는 것처럼 숨기는 데 성공을 했지요.

그러니까 화장실은 이성이 억압하고 숨기고 싶어하는, 즉 어쩔 수 없는 인간의 동물적 속성이 유폐되는 공간이라 할 수 있습니다. 그리고 이 어쩔 수 없는 동물적 생리 행위는 서로 없는 것처럼 하기로 약속이 되어 있는 것이구요. 타인의 생리 행위를 들여다보는 건 이 없는 척하기로 한 약속을 어기는 일이 됩니다. 교사들은 종종 이 약속을 깨뜨리고 학생들의 화장실에 들이닥치기도 합니다. 하지만 자주 그럴 수 있는 건 아니지요.

이런 사정 때문에 화장실은 학교 안에서 또래끼리의 감성적 교류에 대한 욕구를 해결할 수 있는 유일한 공간으로서의 의미를 갖습니다. 여러분들도 학교 다닐 때 많이 해 본 일들이지 않습니까? 마음에 드는 상급생들과 소집단을 만든다든지, 동급생 중에서 감성적 코드가 맞는 아이들끼리 만나서 의사 소통을 한다든지 하는 일들 말입니다.

말하자면 화장실이라는, 이성의 감시가 허술해진 공간에서 감성적 유대에 기초한 소수 종족을 창시하는 것이지요. 정말 마음이 맞고 통하는 경우엔, 이 세상에 없는 새로운 소수 종족을 창시하는 것 같은 느낌이 들지 않겠습니까?

그런데 학교는 화장실을 우범 지역으로 보고, 화장실에서 수시로 창시되는 감성적 소수 종족들을 문제 집단으로 봅니다. 그래서 학생부의 관리 대상으로 화장실은 늘 1번에 올라가 있습니다. 정말 나쁜 짓을 해서가 아니라 이성의 감시 체계를 벗어나려는 성향 자체를 범죄시하는 것이지요.

그래서 교사와 학생들 사이에 숨바꼭질이 벌어질 수밖에 없습니다. 화장실에서는 실질적으로 감성적 소수 종족이 수시로 창시되고, 그 소수 종족들이 모여서 의사 소통을 하고 있습니다.

하지만 공식적으로는 이 소수 종족은 없는 것으로 되어야 합니다. 있는 듯하면서 없고 없는 듯하면서 있는 것이 무엇이겠습니까? 바로 귀신이지요.

이렇게 살피고 보면, 왜 〈학교 괴담〉에서 맡아놓고 귀신이 나오는 장소가 화장실이 되는지, 화장실에서 나오는 귀신들의 정체가 무언지를 알 수 있을 것입니다. 화장실은 이성으로 억압된 아이들의 감성적 교류에 대한 욕구, 즉 몸의 욕구들이 모이는 장소입니다.

이렇게 모인 아이들 속의 욕구들은 이성이 지배하는 대낮에는 감히 밖으로 나올 수가 없습니다. 그러나 밤이 되어 이성의 지배가 약해지면 자기를 표현하고 싶어서 화장실 밖으로 슬금슬금 나옵니다.

그 모습은 있는 듯하면서 없고 없는 듯하면서 있는, 즉 하이드 씨와 같은 괴물의 모습을 갖게 됩니다. 이성에 의해 심하게 왜곡돼 있으니까요.

) 학교 화장실을 빠져 나온 귀신들 (

우리 세대는 의식 구조의 특성상 '이성에 의한 몸의 통제'에 아주 순응적입니다. 그렇다고 해도 몸의 욕구들이 아예 없을 리는 없지요. 그냥 아쉬운 대로 화장실을, 그것을 소통하는 공간으로 은밀히 활용했던 것뿐입니다.

그래도 우리 세대에는 화장실이라는 공간만으로도 감성적 교류에 대한 욕구, 즉 몸의 욕구가 어느 정도는 해결이 되었습니다. 대부분의 사람들은 이성의 통제 체계를 벗어나는 일을 감히 엄두조차 내지 못했으니까요. 사실 특별히 그런 욕구가 강한 사람들만이 화장실에 모여서 감성적 소수 종족, 즉 또래 집단을 창시하는 모험을 시도하지 않았습니까?

그런데 요즘 아이들로 오면 이야기가 확 달라집니다. 그 아이들은 논리적 판단보다 감성적 판단을 우선시하는 경향이 강하고, 감성적 유대에 기초한 마니아 소집단, 즉 또래 집단에 소속되어 살아가고 싶어합니다. 이 마니아 소집단은 끊임없이 합쳐졌다가 흩어지곤 합니다.

요즘 아이들의 대부분이 그렇게 하지요. 그러니 화장실만으로 어떻게 요즘 아이들이 만들어 내는 그 많은 소수 종족들을 다 수용할 수 있겠습니까? 감성적 소수 종족이라는 귀신들로 대만원이 되다 못해 화장실이 폭발을 해도 수십 번은 했겠죠. 학교 화장실들이 아직까지 폭발하지 않고 건재한 걸 보면, 아무래도 이 귀신들이 어디론가 민족 대이동을 한 듯합니다. 도대체 어디로 갔을까요?

요즘 부모님들의 가장 큰 두통거리 중의 하나가 아이들이 목숨처럼 소중히 여기는 핸드폰이나 인터넷일 것입니다. 우리 큰딸아이는 중학교 2학년 때 핸드폰을 사 주었는데, 그 정도면 부모 입장에서 꽤 많이 버틴 것이라 할 수 있지요.

요즈음은 초등학교 때부터 다들 핸드폰을 가지고 다니니까요. 왜 자기만 핸드폰을 사 주지 않느냐고 어찌나 성화를 해대든지 견딜 재간이 없었습니다. 작은아이는 우리가 일찌감치 포기를 하고 중학교에 들어가자마자 사 주고 말았지요.

그런데 핸드폰을 사 주고 나서도 여전히 두통거리가 남더군요. 핸드폰을 아예 귀와 입에 달고 사는 것까지는 좋은데, 처음 몇 달 동안은 생활비의 10%에 육박하는 통신비 때문에 뒤로 넘어갈 뻔했습니다. 아이들의 핸드폰 사용료를 일정 한계 안에 묶어 놓기 위해서 몇 달 동안 싸움을 해야 했지요.

요즘은 과다한 통화료 때문에 문자 메시지를 많이 사용합니다. 문자 메시지를 보내는 손놀림을 보면 참으로 경탄할 만하지요. 문자 메시지 보내기 월드컵 대회가 있다면, 아마도 우리 나라 아이들이 1등부터 100등까지는 맡아놓고 차지할 것입니다. 매일 만나는 아이들과 뭐 그리 할 말이 많은 건지…….

인터넷도 마찬가지입니다. 요즘 아이들은 여러 가지 일을 한꺼번에 하는 대단한 재주를 가지고 있는 듯합니다. 컴퓨터 책상의 한쪽에는 시험 공부를 한답시고 책을 펼쳐 놓고 있습니다.

그런데 컴퓨터에서는 다운받은 음악이 시끄럽게 흘러나오고 있지요. 그 음악이 끝나기가 무섭게 새로운 곡을 다운받느라 연신 마우스로 클릭을 해댑니다.

그런가 하면 컴퓨터 화면의 한쪽 구석엔 메시지를 주고받는 쪽지가 떠 있습니다. 상대편에서 뭐라고 적어서 보내면 순식간에 자판을 두드려 답을 보냅니다. 공부를 하고 있는 건지 놀고 있는 건지, 뒤에서 지켜보고 있을라치면 그야말로 울화통이 터지지 않을 수 없습니다.

어디 그뿐인가요? 조금만 부모의 손길이 미치지 않으면 인터넷 게임에 푹 빠져서 시간 가는 줄을 모릅니다. 인터넷 통신비도 장난이 아니지만, 상당히 많은 아이들이 게임 중독 상태에 빠져 있다는 것이 더 큰 문제입니다. 아이들은 왜 그렇게 할 말이 많은 걸까요? 자기 부모하고는 속엣말 한마디 하지 않으면서…….

바로 여기에 학교 화장실에서 다 수용하지 못한 감성적 소수 종족, 즉 마니아 소집단이라는 귀신들이 어디로 민족 대이동을 해 갔는지에 관한 답이 있습니다. 바로 인터넷과 핸드폰의 디지털 전자 신호가 형성하는 광대한 유목 초원으로 옮겨 간 것입니다.

이 유목 초원은 지구 전체 크기의 몇 십 배가 넘는 광활한 대륙이지요. 이 초원 위에 지구 인구만큼이나 많은 감성적 소수 종족들이 끊임없이 이합집산하며 종횡무진 돌아다니고 있습니다. 아마도 여러분의 아이가 속해 있는 소수 종족만 해도 다 헤아리기가 쉽지 않을 겁니다.

그러다 한 달쯤 지나면 여러분의 아이가 속해 있는 소수 종족의 이름이 대부분 바뀌어 버립니다. 그러니 매일매일 할 말이 얼마나 많고, 이야기를 주고받을 사람 또한 얼마나 많겠습니까?

똑같은 친구라 해도 그 친구가 속해 있는 소수 종족에 조그마한 변동이 생기면 다른 사람이 되는 거니까, 늘 새로운 사람과 이야기하고 있는 셈이 되지요.

그런데 그 아이들은 무슨 이야기들을 그렇게 열심히 하고 있는 걸까요? 무슨 이야기를 하는지 살펴보려면, 얼마 전에 아이들 사이에서 베스트셀러가 되었던 인터넷 소설들을 읽어 보면 됩니다. 아이들이 주고받는 이야기들이 가장 잘 체계화되고 정형화된 것이 그 인터넷 소설들일 테니까요.

미리 귀띔 좀 해 드릴까요? 그 인터넷 소설들을 읽어 보면 아마 몹시 실망하게 될 겁니다. 그리고 "이 따위 이야기를 하느라고 그 많은 시간과 통신비를 낭비하고 있었단 말이야?" 하고 화가 날지도 모릅니다.

어른들의 관점에서 보면 그럴 수밖에 없습니다. 도저히 이야깃거리라고 할 수 없는 시시껄렁한 내용인 데다 갈등 구조나 인물의 성격도 제대로 갖추어져 있지 않습니다. 게다가 우리말을 심하게 비틀어 쓴 대목들도 많고, 저희들끼리만 통하는 암호 같은 말들도 많이 섞여 있거든요.

하지만 아이들 입장에서 보면 그것이 결코 시시한 게 아닙니다. 그 이상해 보이는 것들 하나하나가 소수 종족들이 소통하는 감성

의 코드들이기 때문이지요. 그것이 결코 시시한 게 아니라는 사실
은 〈학교 괴담〉에 등장하는 귀신들과 비교해 보면 대번에 알 수 있
습니다.

〈학교 괴담〉에 등장하는 귀신들은 있는 듯하면서도 없고 없는
듯하면서도 있는 것이기 때문에 실체가 불확실한 존재들입니다.
게다가 하이드 씨와 같은 괴물의 모습을 띠고 있지요. 그에 비하면
인터넷 소설은 얼마나 많이 진화를 한 겁니까?

인터넷 소설은 적어도 귀신의 탈을 벗고 실체로서 존재하지 않
습니까? 그것도 이른바 로고스(이성)라고 불리는 언어의 형태로
말입니다.

학교 화장실에서 있는 듯 없는 듯 귀신의 형태로나 존재하던 몸
의 욕구가 저 디지털 초원에서 오는 힘을 가지고 이제 이성의 중압
을 뚫어낸 겁니다. 바야흐로 이성의 햇빛이 뜨거운 대낮에 당당히
모습을 드러내기 시작한 것이지요.

) 학급 회장 세우기 (

이성의 통제를 피해 학교 화장실에서 있는 듯하면서도 없고 없
는 듯하면서도 있는 형태로 살던 귀신, 즉 아이들의 몸의 욕구가
민족 이동을 해 간 곳이 꼭 핸드폰이나 인터넷의 디지털 초원만은
아닌 듯합니다.

학교 화장실에 살던 귀신들은 당당하게 교실로도 민족 이동을 해 왔습니다. 2000년에 복직하자마자 내가 느꼈던 점이 바로 그것이었습니다.

"학교 화장실에나 살던 귀신들이 어느 틈에 이렇게 교실로 나와 앉아 있는 거야?"

교실은 이미 마니아 소집단, 즉 감성적 공감대를 가진 또래 집단들이 할거하고 있는 유목의 초원으로 변해 있었습니다. 이 자유분방한 소수 종족들은 이리저리 돌아다니면서 이런저런 자잘한 사건을 일으켜, 학급 활동과 교과 수업을 조금씩 무력화시켰습니다. 말로만 듣던 교실 붕괴니 학교 붕괴니 하는 것들이 조금씩 실감이 났지요.

어른들의 입장, 즉 교사들의 입장에서 보면 참 난처한 일이기도 하고 성가신 일이기도 해서 "뭐, 이런 것들이 다 있나?" 싶을 정도였습니다. 하지만 아이들의 입장에서 보면 또 그럴 수밖에 없는 것이겠지요.

지금의 학교는 하나도 변한 게 없어서 '이성에 의한 몸의 통제'라는 틀을 조금도 벗어나 있지 않습니다. 그런데 아이들은 엄청나게 변하지 않았습니까?

'이성에 의한 몸의 통제'라는 틀에 더 이상 가두어 둘 수가 없습니다. 그러므로 시간이 지날수록 현재의 학교 체제와 정면으로 충돌해 갈 수밖에 없는 것이지요. 이 소수 종족들과 학교 체제 사이의 긴장과 알력을 가장 잘 보여 주는 것이 바로 '학급 회장 세우기'입니다.

우리 세대의 학창 시절에는 학급 회장을 교사가 임명하는 경우가 많았습니다. 투표를 한다고 해도 대개 교사의 의중에 있는 아이가 뽑혔습니다. 그 때는 학급 회장의 자격에 성적 제한이 있었으니까 당연히 공부 잘 하는 아이가 유력할 수밖에 없었지요.

집안 형편도 웬만큼 괜찮아야 하고, 담임 교사를 대신해서 반을 장악할 수 있을 만큼 리더십도 있는 아이가 대부분 학급 회장으로 뽑혔습니다.

이런 조건을 가진 아이가 학급 회장이 되지 않으면 학교와 계속해서 마찰이 일어나 담임 교사 노릇하기가 몹시 힘들어지거든요. 잡부금 거두기를 비롯해서 이런저런 잡무를 담임 교사가 반 아이들을 대상으로 일일이 해야 했기 때문이지요.

가장 골치 아픈 건 학부모회나 어머니회의 임원을 내는 일이 쉽지 않다는 것입니다. 옛날에는 육성회라고 불렀는데, 이 육성회의 임원은 으레 상당한 액수의 회비를 내야 했습니다.

공부도 잘 하고 집안 형편도 괜찮은 아이가 학급 회장이 되면, 그 어머니가 스스로 나서 주기 때문에 문제가 한결 쉽게 해결됩니다. 회장 어머니가 잘 나서 주지 않을 경우엔 담임 교사가 애를 먹게 되지요. 학부모회나 어머니회의 임원 구성이 원활히 되지 않으면, 일 년 내내 학교와 부딪칠 뿐더러 교사들 사이에서도 눈치가 보이게 되거든요.

1980년대 중반 해직되기 전 해에 담임을 맡으면서 학급 회장을 아이들 마음대로 뽑게 한 적이 있습니다. 그랬더니 공부도 잘 하지 못하고 집안 형편도 썩 좋지 않은 데다 리더십까지 별로인 아이가 회장으로 뽑혔습니다. 반 친구들과의 관계가 두루두루 원만하다는 것 이외에는 특별한 점이 없는 아이였지요.

애초에 학교에서 내세우는 성적 제한을 무시한 채 강행한 일이 었던 터라 배짱으로 버티긴 했습니다. 하지만 해마다 그러라고 하면 참 못 할 일이었습니다. 성적 제한의 규정을 어겼기 때문에 그 아이를 학급 회장으로 등록시킬 수 없다는 학생 부장 선생님과의 다툼을 시작으로 일 년 내내 학교와 부딪쳐야 했으니까요.

그런데 놀라운 일은 2000년에 복직해서 보니까, 각 반의 학급 회장들이 대개 제가 해직되기 전 해에 뽑았던 우리 반 회장 같은 아이들이라는 점이었습니다. 학급 회장을 아이들이 뽑게 되었나 보다, 생각했지요. 그런데 그게 아니었습니다.

학기가 새로 시작될 때마다 담임을 맡은 교사와 학급의 소수 종족들 사이에서 치열한 샅바싸움이 벌어졌습니다. 대부분의 담임 교사들은 내심 예전과 같은 성향의 학급 회장이 뽑히기를 바라며 물밑으로 노력을 많이 합니다. 그래야 담임 교사 노릇하기가 수월해지니까요.

하지만 학급의 소수 종족들은 소수 종족들과의 관계에서 두루 무난하고 평범한 아이를 학급 회장으로 뽑으려고 합니다. 이 샅바싸움의 결과에 따라 몇 가지 유형이 나오게 되지요.

❖ 교사가 크게 작용하지 않는 경우

1학기 학급 내 소수 종족들과의 관계가 두루두루 원만한 아이가 회장으로 뽑힙니다. 그런데 이 회장은 진정한 대표성을 가졌다기보다는 다소 냉소적인 투표 성향에 의해 뽑혔을 가능성이 높습니다. 믿을 수 없는 적이 평화 사절을 보내라고 제의해 왔을 때, 시험 삼아 보내는 사절단의 대표 같은 것이지요.

2학기 소수 종족들과의 관계가 두루두루 무난한 아이가 뽑히긴 합니다. 하지만 1학기 때보다는 나름대로 대표성을 가지고 있습니다. 그 때보다는 투표 행위가 좀더 진지해졌기 때문이지요. 그렇다고 해서 이 아이가 담임 교사의 입맛에 맞게 척척 움직여 준다는 뜻은 아닙니다.

❖ 교사가 간접적으로 작용하는 경우

1학기 고전적인 성향을 가진 아이 중에서 소수 종족들과의 관계가 두루두루 원만한 아이가 뽑힙니다. 이 아이는 소수 종족들과의 관계에서 담임 교사에게 크게 도움이 되는 건 아닙니다. 학교와의 관계에서는 적으나마 도움이 될 수는 있겠지만.

2학기 1학기의 학급 운영이 아이들에게 억압적으로 느껴지지 않았다면, 2학기에도 비슷한 성향의 아이가 회장으로 뽑힐 수 있습니다. 그러나 다소 억압적으로 느껴졌다면 상황은 달라집니다. 냉소적인 투표 행위를 통해서 아주 엉뚱한 아이가 회장으로 뽑힐 가능성이 있거든요.

❖ 교사가 직접적으로 작용하는 경우

1학기 교사가 예전과 같은 유형의 아이를 거의 임명하다시피 한 경우입니다. 이런 경우는 대개 교실의 분위기가 한 학기 동안 준계엄령 상태로 유지되다가 학기 말쯤에 급격히 이완됩니다.

2학기 대부분의 경우, 냉소적인 투표 행위를 통해 엉뚱한 아이가 회장으로 뽑힙니다. 담임 교사와 회장, 그리고 소수 종족들 사이에 갈등이 형성되면서 학급 분위기가 점차 나빠집니다. 2학기 때까지 아주 강압적인 방법을 동원해서 회장을 임명한다면, 소수 종족들의 긴장이 한계점에 이르면서 대형 사고가 날 가능성이 큽니다.

학급을 내면적으로 구성하고 있는 소小또래 집단들의 힘이 어느 수준에 와 있는가가 잘 보이지요? 학교와 교사의 요구가 학급에 일방적으로 관철될 수 없을 정도로 또래 집단들의 힘은 커져 있습니다.

그렇다고 학교가 가지고 있는 기존의 질서를 뚫고 자신들의 요구를 공식화할 정도로 성장한 것은 아닙니다. 기존의 학교 질서가 학급에서 고스란히 관철되는 것을 방해하고 부분적으로 무력화하는 수준이지요.

그러니까 학교 화장실에서 빠져 나온 귀신들이 교실로 나오긴 했으나, 완전한 사람이 되지 못하고 있는 것입니다. 3분의 1 또는 반 정도만 사람으로 바뀌어서 아주 어정쩡한 상태를 띠고 있는 셈이지요.

) 마니아 법칙과 왕따 현상 (

아이들이 마니아 소집단을 이루는 근거들은 무척 다양합니다. 축구를 유난히 좋아한다든지, 어떤 브랜드의 옷을 유난히 좋아한다든지, 특정한 컴퓨터 게임에 유난히 빠져 있다든지…….

그런데 교실의 곳곳에서 할거하고 있는 소수 종족들의 그 어디에도 속해 있지 않은 아이가 간혹 있습니다. 이런 아이들은 소수 종족들의 공격 대상이 되기도 하지요. 이른바 왕따라고 불리는 아이들입니다.

요즈음 교사들이 담임을 맡을 때 가장 신경 쓰이는 것 중의 하나가 바로 이 왕따 문제입니다. 복직을 한 다음 해, 나는 무려 16년 만에 담임을 맡게 되었습니다.

나 역시 왕따를 당하는 아이가 없을까, 하고 무척 신경이 쓰였습니다. 담임을 맡은 반에 들어온 아이들의 생활 기록부를 넘기다 보니, 여자아이 두 명이 전 학년에서 왕따 피해를 입었던 것으로 기록되어 있었습니다.

바짝 긴장이 되었습니다. 두 아이를 유심히 살펴보았는데, 그 아이들이 왜 왕따를 당하는 것인지 쉽게 이유를 알 수가 없었습니다. 한 아이는 옷차림새도 제법 세련돼 보이고, 공부도 사뭇 잘 하고, 성격도 원만해서 아이들과 크게 부딪칠 일이 없어 보였거든요.

그렇다고 다른 한 아이가 크게 문제 있어 보였던 것도 아니었습니다. 굳이 찾자면 따돌림을 당할 소지가 전혀 없는 건 아니었지만요. 가치 판단의 기준이나 근거를 교사나 부모 같은 어른들에게 의존하는 경향이 지나치게 강하더군요.

그러니 옷차림새나 행동 양태가 감성이 두드러지는 아이들의 입장에서는 눈에 거슬릴 수도 있을 듯했습니다. 어른들의 기준으로 보면 아무런 문제가 없는데도 말이지요. 학기 초, 나는 이 왕따 문제에 초점을 맞추어 아이들에게 원칙을 제시했습니다.

"웬만한 건 다 허용한다. 하지만 생각이나 취향, 행동거지가 자기와 다르다고 해서 의도적으로 따돌리거나 폭력을 가하는 것은 용납하지 않는다. 이것은 사람이면 누구나 누려야 하는 인권을 침해하는 행위이다."

경고성 메시지를 준 셈이지요. 물론 아이들의 귀에 이 경고성 메시지가 들릴 리 없었습니다. 그것보다는 저희들 마음에 드는 "웬만한 건 다 허용한다."는 말만 귀담아 듣고선 와글와글 떠들면서 좋아하더군요.

학기가 시작된 지 한 달쯤 지났을 때였습니다. 두 아이 중 앞에 이야기한 아이는 그런대로 반 아이들과 잘 어울려 지냈습니다. 그런데 다른 한 아이는 예상대로 아이들과 잘 어울리지 못했습니다. 이 어울리지 못하는 아이를 편의상 '영희'라 이름 붙여 봅시다.

오래지 않아 반 아이들이 영희를 공격하는 징후들이 조금씩 나타나기 시작했습니다. 반에서 저희끼리 유난히 친하게 지내는 여자아이가 두 명 있었습니다. 한 아이는 키가 큰 편이었고 다른 한 아이는 키가 작은 편이었습니다. 그 두 명의 아이가 영희와 자주 시비를 벌이는 모양이었습니다. 그러다 마침내 이 대 일로 싸움까지 붙었습니다.

나는 그 두 녀석을 교탁 앞으로 불러내 손바닥을 한 대씩 때려 주었습니다. 그러고 나서 다시 교무실로 불러들였습니다. 키가 작은 아이는 고개를 숙인 채 잘못했다고 말한 뒤 돌아갔습니다. 그런데 키가 큰 아이는 곧 죽어도 잘못한 게 없다고 버텼습니다.

"너희들 둘이 일부러 영희 자리로 가서 시비를 거는 거잖아. 그런데도 잘못한 게 없단 말야?"

"없어요, 영희 걔가 워낙 재수가 없거든요."

"임마, 네 마음에 안 든다고 그렇게 괴롭히면 되냐? 의도적으로 괴롭히는 건 엄연히 인권 침해야."

"영희 걔는 정말로 재수가 없단 말예요."

"이 녀석이 정말? 영희의 어떤 점이 그렇게 괴롭히고 싶을 만큼 재수없다는 거야? 말해 봐."

"그냥 재수없어요."

나는 부아가 끓어올라서 고함을 빽 질렀습니다. 그 키 큰 아이는 억울하다는 듯 눈물을 뚝뚝 흘렸습니다. 그 아이를 돌려보내고 난 뒤, 그 아이의 집으로 전화를 걸었습니다. 그간의 일을 전해 들은 그 아이의 어머니는 그럴 리가 없다고 빽빽 우겨 댔습니다.

그 아이는 3남매 중 가운데인데, 너무 온순해서 탈이라는 것이었습니다. 그런데 요즘 들어, 셋 중 가운데이기 때문에 손해를 보면서도 참고 지내야 하는 일들이 많다고 불평을 자주 늘어놓는다고 했습니다.

큰아이는 큰아이니까 대접을 하고 막내는 막내니까 대접을 하는데, 자기는 중간에 끼어서 늘 참고 지내야만 한다는 것이지요. 그렇지만 그 정도에 불과할 뿐 다른 아이를 괴롭힐 만큼 모난 아이는 아니라는 것이었습니다. 그 어머니의 이야기를 듣고 보니 조금은 이해가 되는 듯도 하였습니다.

앞에서 말했다시피, 요즘 아이들은 소수 마니아 집단을 형성하고 있습니다. 이 소수 마니아 집단들은 학교가 가하는 이성적 통제 체계를 벗어나 독자적 질서를 만들고 싶어하는 성향이 있습니다. 말하자면 잠재적 저항성을 가지고 있다는 것이지요.

그 키 큰 아이는 유독 그런 성향이 두드러져 보였는데, 그 원인 중의 하나가 가족 관계에서 비롯되었다는 것을 알 수 있었습니다. 부모가 틀 지워 준 남매간의 질서에 순응하던 아이가 독자적 인격을 형성해 가는 사춘기에 접어들면서 그전까지의 질서에 불만을 느끼게 된 것입니다.

이 불만이 학교의 통제를 불신하고, 또래 집단의 독자적 질서를 추구하는 경향을 강화시킨 셈이지요. 그제서야 그 아이가 영희를 무작정 재수없다고 한 뜻을 대강이나마 짐작할 수 있었습니다.

요즘의 아이들의 감성적 공감에 근거해서 우후죽순 격으로 소수 마니아 집단이 형성된다고 해도, 그래서 교실이 그 소수 종족들이 종횡무진 이동해 다니는 유목 초원으로 변했다고 해도 그 힘이 그렇게 큰 것은 아닙니다.

적어도 학교라는 '이성에 의한 몸의 통제' 체제에 정면으로 대항할 만큼 힘이 자란 건 아니지요. 그렇기 때문에 소수 마니아 또래 집단이 갖는 저항성은 잠재화되고 음성화될 수밖에 없습니다. 그래서 고리가 약한 아이를 찾아 은밀하게 괴롭히게 되는 것이구요.

왕따당하는 아이들은 소수 마니아 또래 집단들에게 미움을 받을 만한 요소들을 어느 정도 가지고 있습니다. 미움받을 만한 요소들이란 대개 소수 마니아 또래 집단이 추구하는 독자적 질서를 정면으로 부정하는 속성들이기 일쑤입니다.

첫째, 아이들과의 감성적 유대에는 관심이 없고, 교사를 비롯한 학교의 질서에 지나치게 순응적이고 의존적인 경향

둘째, 소수 마니아 또래 집단의 감성적 유대를 해칠 정도로 잘난 척하는 경향

셋째, 소수 마니아 또래 집단이 지닌 감성에 지나치게 뒤떨어지는 취향

결국 영희더러 재수없다고 한 건 위와 같은 경향을 말한 것이겠지요. 영희는 교사나 어른들의 가치 판단에 지나치게 의존적이었습니다. 그리고 그것을 통해 자신의 정체성을 세우려는 경향이 있었습니다. 그러다 보니, 다른 아이들의 감성에서 다소 떨어지는 취향을 가질 수밖에 없었구요.

엄밀히 말하면, 그런 아이를 왕따로 만드는 소수 마니아 또래 집

단은 그만큼 자기 정체성이 취약하다는 것을 의미하기도 합니다. 그렇기 때문에 그에 반하는 경향의 아이들이 있다는 게 눈에 거슬리는 것이지요. 때로는 위협적으로 느껴지기도 하구요. 그래서 눈에 거슬리는 경향의 아이들을 공격함으로써 자기 정체성을 강화하려 애쓰는 것입니다.

)왕따는 일본에서 건너온 것이 아니다(

우리 나라 학교에서 왕따 현상이 심각해지자, 그런 현상이 어디에서 비롯되었는지에 관한 논의가 있었습니다. 초기에는 일본의 경우를 많이 참고했지요.

일본은 왕따 현상이 우리보다 훨씬 더 일찍 나타났습니다. 일본에서는 지역적 특성이 왕따 현상에 한몫을 했다고 할 수 있습니다. 일본은 섬나라이기 때문에 외세의 침입으로 큰 전쟁을 겪은 적이 거의 없습니다. 그 덕분에 한 마을에 수백 년 동안 대를 이어 사는 사람들이 많지요. 지역 사회가 이렇듯 고정적이다 보니까, 외지에서 들어오는 사람들이나 아이들을 따돌리는 경향이 생겨날 수밖에 없습니다.

그런 면에서 우리와 일본은 전혀 다르다고 할 수 있지요. 우리 나라는 외세의 침입으로 큰 전쟁을 수도 없이 겪었습니다. 그 때마다 도시와 마을들이 파괴되고 사람들이 흩어졌습니다. 그리 오래지 않은 과거에도 한국 전쟁이라는 전례 없는 대전란을 겪은 적이 있지요.

제대로 된 토박이 마을이 있기가 어려운 역사적 환경이라 할 수 있습니다. 더구나 왕따 현상이 크게 문제되는 도시로 오면 더 말할 것도 없습니다. 도시에 사는 사람들은 이리저리 떠돌아다니며 사는 유목민들이나 다름없으니까요. 마을이나 동네의 고정성이 어디 있겠습니까?

우리 나라 학교의 왕따 현상은 다음과 같은 구조적인 문제로 보아야 합니다.

첫째, 아이들의 의식 구조가 '몸의 지위는 높아지고 이성의 지위는 상대적으로 낮아지는' 방향으로 급격히 변화했다.

둘째, 이러한 의식 구조의 변화 때문에 아이들은 감성적 취향에 근거한 또래 집단을 다양하게 형성하고, 그것을 통해 자기 정체성을 세우려는 경향을 가진다.

셋째, 학교는 여전히 '이성에 의한 몸의 통제'라는, 권위적이고 획일적인 체계에 머물러 있어서 아이들에겐 억압으로 작용한다.

넷째, 아이들이 형성하는 감성적 또래 집단은 기존의 학교 체제를 무력화시킬 수 있는 힘을 적으나마 가지고 있다. 하지만 학교 체제 자체를 극복하거나 점진적으로나마 체제를 바꾸어 나가도록 개입할 수 있는 공식적 통로는 갖고 있지 못하다.

다섯째, 이런 상황 때문에 감성적 또래 집단과 아이들은 정체성에 관한 한 일정한 위기 의식을 가지고 있으며, 잠재적 · 음성적 저항성을 지니게 된다.

여섯째, 이 잠재적 · 음성적 저항성을 약한 고리를 향한 공격으로 분출함으로써 또래 집단과 아이들은 자기 정체성을 강화하려 한다. 여기서 약한 고리에 해당하는 것이 바로 왕따 당하는 아이들이다.

위와 같이, 우리 나라 학교에서의 왕따 현상은 급격히 변화하는 아이들과 변화하지 않는 학교 체제의 충돌에서 비롯되는 것입니다. 아이들을 옛날로 되돌릴 수 없다면, 학교 체제를 아이들에게 맞도록 변화시켜야 하지 않겠습니까?

그런데 학교 체제를 변화시키는 게 보통 어려운 일이 아닙니다. 전에 있던 학교에서 몇몇 뜻있는 선생들끼리 모여서 위와 같은 문제를 이야기한 적이 있었습니다.

"학교 화장실에서 나온 귀신들이 요즘 교실을 어슬렁어슬렁 돌아다니는데, 귀신의 탈을 벗고 사람이 될 수 있도록 도와 줄 방법이 어디 없을까?"

이렇게 설왕설래하다가 결국 학생회실과 동아리방을 만들어 주는 것이 좋겠다는 결론을 얻었습니다. 아이들에게 공식적인 통로와 자기 공간을 만들어 주자는 것이었지요. 그런데 빈 교실이 많지 않으니 급한 대로 학생회실부터 만들어 주기로 했습니다.

그러기 위해서는 먼저 학교 운영 위원회에 안을 내어 통과를 시켜야 했습니다. 학교 운영 위원회에서 다수의 표를 확보하기 위해서는 동료 교사들과 학부모들을 설득해야 했지요.

한 달 동안 정성을 들인 결과 교장 선생님과 교감 선생님, 그리고 몇몇 부장 선생님들의 완강한 반대에도 불구하고 너끈히 안을 통과시켰습니다.

우리는 기분이 하도 좋아서 술잔을 기울이기까지 했습니다. 학생회를 맡은 아이들에게 이제부터 잘 해 보라고 호기롭게 격려를 해 주기도 했구요.

하지만 학교란 조직은 그렇듯 쉽게 움직여지는 데가 아니었습니다. 학교 운영 위원회에서 결정이 났는데도 불구하고, 이 핑계 저 핑계를 대면서 학생회실을 얼른 만들어 주지 않았습니다.

한 달에 한 번 열리는 학교 운영 위원회를 통해서 두 번이나 어렵사리 독촉을 한 다음에야 비로소 학교가 움직일 기미를 보이기 시작했습니다.

드디어 학생회실이 만들어지던 날, 우리는 잔뜩 기대를 한 채 그곳으로 가 보았습니다. 그리고 기겁을 하고 말았습니다. 교실을 반으로 갈라서 한쪽을 학생회실로 만들었는데, 그 다른 쪽엔 무엇이 들어와 있을 것 같습니까? 바로 학생부가 들어와 있었습니다.

학생부와 학생회실 사이에 문을 만들어, 곧바로 왔다 갔다 할 수 있게까지 해 두었더군요. 그런 식이라면 학생회실을 안 만드는 편이 더 나을 뻔했습니다.

)교실에서 쫓겨난 소수 종족들은 어디로? (

아이들의 독자적 공간으로서의 학생회실을 만들어 주는 일은 이렇게 해서 참패로 끝났습니다. 이것은 참으로 상징적인 사건이었죠. 지금의 학교 구조에서 아이들의 또래 집단들이 자기 의사를 공식화하며 햇빛 속으로 나오는 일이 불가능하다는 걸 극명하게 보여 준 예니까요.

말하자면 학교 화장실을 빠져 나와 귀신에서 사람으로 변신해 보려고 교실에서 소란을 피우던 소수 종족들이 사람 되는 일이 불가능하다는 사실을 확인하게 된 셈입니다.

이렇게 되면 소수 종족들은 다시 이성의 감시가 잘 미치지 않는, 화장실이라는 그늘로 돌아가겠지요. 화장실로 돌아간 소수 종족들은 과연 어떤 귀신이 되어 다시 나타날까요?

내가 맡은 반은 그렇지 않았지만, 2학기에 들어서면서 각 반에서 왕따 현상이 극심하게 나타나기 시작했습니다. 폭력은 물론이고, 금품 갈취 양상까지 띠기 시작했거든요.

이건 아주 불길한 조짐이었습니다. 아니나 다를까 학교 안에 폭력 서클이 있다는 소문이 도는가 싶더니, 곧 이어 검거 열풍이 불기 시작했습니다.

아이들과 학부모, 담임 교사 들이 다 죽어 가는 듯한 표정으로 학생부실을 드나들기 시작했습니다. 그리고 이른바 '일진회'에 가입했다는 아이들이 줄줄이 징계를 받았습니다.

수업하러 들어가 보면, 그 아이들이 앉았던 자리가 구멍처럼 뻥뻥 뚫려 있곤 했지요. 이윽고 그 아이들의 죄상이 아이들 사이에 소문으로 번져 나갔습니다.

폭력 서클이라고 하면 무엇이 먼저 떠오릅니까? 집안에 문제가 있어서 공부는 애저녁에 포기하고, 무언가 껄렁껄렁한 기질을 발산하는 아이들을 머릿속에 떠올릴지도 모르겠습니다. 그러나 그건 어디까지나 우리 세대의 학창 시절에나 있었던 이야기입니다.

지금의 폭력 서클에는 공부를 못 하거나 못생겼거나 집안이 찢어지게 가난한 경우엔 가입을 할 수가 없습니다. 오히려 학생회 임원이 반드시 끼어 있게 마련이지요. 그래서 심한 경우에는 서클의 대장이 누구인지를 뻔히 알면서도 잡지 못하는 일이 종종 있습니다.

자타가 인정하는 모범생이나 우등생, 또는 그럴듯한 집안의 자녀로 학생회에서 한 자리를 차지하고 있는 아이인 경우엔 증거를 철저하게 없애는 치밀함을 가지고 있거든요.

폭력 서클에 가입하는 아이들의 성향이 우리 때와 달라진 이유는 무엇일까요? 그리고 폭력 서클들은 대체 어떤 식으로 만들어지는 걸까요?

이 폭력 서클들은 바로 인간이 되어 보려고 교실을 어슬렁거리며 놀아다니던 소수 종족들이 화장실로 돌아가면서 만들어 낸 겁니다. 인간이 되려다 실패한 귀신은 그 좌절감 때문에 더욱더 강력한 힘을 가지려 하지요.

앞에서도 말했지만, 요즘의 아이들은 자기의 주관적 느낌을 몹시 중요시합니다. 주관적 느낌을 중요시하는 만큼 자기 주장이 강하다는 것이구요. 이렇게 자기 주장이 강한 아이들의 또래 집단이 자기 에너지를 발산할 공식적 통로를 찾지 못하면 달리 무슨 방법이 있겠습니까? 음성적인 방법을 모색할 수밖에요.

다시 이성의 감시가 미치지 못하는 화장실로 돌아갈 수밖에 없습니다. 거기서 또래 집단, 즉 소수 종족들의 강력한 연합체를 구성하게 됩니다. 이 연합체는 다른 소수 종족들 위에 군림하는 것으로 자기의 정체성을 강화하고 에너지를 발산하려 합니다.

다른 소수 종족들 위에 군림하려면 당연히 그 구성원들이 공부에서든 외모에서든 학교에서의 역할에서든 주먹에서든 집안 환경에서든 떨어져서는 안 되지요. 말하자면 강한 소수 종족들의 연합체를 만드는 것입니다.

이 종족 연합체가 틀을 갖추면 자기 정체성을 확인하는 제도를 만들어 냅니다. 금품의 상납 구조가 바로 그것입니다. 상층부의 구성원은 아래 단위의 구성원에게 상납을 받아 다시 상납하면 되는데, 하부 구성원은 돈을 쌓아 놓고 있지 않는 한 종족 연합체에 속하지 않은 다른 아이들에게서 금품을 갈취할 수밖에 없지요.

가장 쉬운 대상이 외톨이가 되어 있는 아이들이구요. 이렇게 되면 왕따 현상은 매우 폭력적이면서 고질적인 형태를 띠게 됩니다. 결국 하이드 씨의 모습을 가진, 아주 강력한 귀신이 되어 나오는 셈입니다. 어떻게 보면 아이들은 원하지 않는 선택에 의해 하이드 씨가 된 것이라 할 수 있습니다. 우리 세대의 마음속엔 지킬 박사와 하이드 씨밖에 없으니, 이 둘 중의 하나를 선택하라고 강요를 하는 것이지요.

아이들은 의식 구조상 하이드 씨를 선택할 수밖에 없습니다. 시간이 갈수록 더 많은 아이들이 하이드 씨를 선택할 겁니다. 이 하이드 씨의 역할은 아이들이 원하는 것도 아니고 아이들에게 맞는 것도 아닙니다. 이제는 우리 기성 세대가 고정 관념을 버리고 마음을 바꾸어야 할 때가 아닐까 싶습니다.

)지킬 박사의 부메랑(

아마 2001년이었던 걸로 기억합니다. 학기 초에 특별 활동을 하나씩 맡아야 된다고 해서 문예반을 새로 만들었습니다. 특별 활동은 한 달에 한 번씩 토요일에 날을 잡아 전일제로 실시합니다.

그날은 아이들이 선택한 특별 활동반에 들어가 하루 종일 그 활동만 하게 되지요. 그러므로 학교의 모든 아이들이 특별 활동반을 하나씩 골라 의무적으로 들어가야 합니다.

새 학기가 시작되고 얼마 지나지 않아, 특별 활동을 하는 첫 번째 토요일을 맞았습니다. 문예반이 우리가 자랄 때처럼 인기 있는 부서가 아니라서 별 기대는 하지 않았습니다. 그래도 몇 명은 오겠지, 하고 아이들을 기다렸습니다.

언제인가부터 다른 반은 아이들로 북적거리기 시작했는데, 제가 서 있는 교실에는 시간이 지나도 아이들이 나타나질 않았습니다. 처음에는 내가 교실을 잘못 찾아 들어간 건가 싶어서, 교실 밖으로 나와 출입문 위에 달린 팻말을 확인하였습니다. 교실은 제대로 찾아 들어간 것이었습니다.

얼마나 지났을까요? 꽤 오랜 시간이 흘렀다고 생각되었을 즈음, 남학생 한 명이 쭈뼛거리면서 교실로 들어섰습니다. 학생들이 한 명도 없었으니 제 딴에는 무척 어색했겠지요. 나도 참 난감하더라구요.

'이 녀석을 데리고 한 학기 동안 무엇을 해야 하나? 문예반을 아예 접어야 하나? 정말로 원해서 온 아이라면 어쩔 수 없지만, 그렇지 않다면…….'

별의별 생각이 다 머릿속을 스쳤습니다. 나는 조심스럽게 말문을 열었습니다.

"너, 정말 글 쓰는 데 관심이 있어 여기에 온 거냐?"

"저, 아닌데요."

그 녀석은 여전히 쭈뼛거리면서 대답했습니다.

"그럼 왜 온 거냐?"

"저, 축구반에 들려고 했는데 아이들이 너무 많아서 못 들어갔어요. 그래서 다른 반으로 갔는데 거기도 다 차서……."

나는 차라리 잘 되었다 싶었습니다.

"축구반 선생님한테 얘기해서 그 반에 넣어 주면 그리로 갈래?"

"예."

이렇게 해서 나는 학생 한 명 없는 문예반 지도 교사가 되었습니다. 전일제 특별 활동을 하는 토요일날 놀 수 있어서 좋긴 했지만, 아무래도 입맛은 좀 썼지요. 어쩌면 지금 여러분들은 인터넷이니 모바일이니 하는 미디어 매체들의 발달로, 아이들이 글 쓰는 데 관심을 잃어버려 그런 걸 거라고 이야기하고 싶을지 모르겠습니다.

하지만 그것만으로 전교생 천오백 명 중에서 단 한 명도 문예반에 가입하지 않은 상황을 설명할 수 있을까요? 문예반에 가입한 아이들의 수가 다른 반에 비해 적은 거라면, 그걸로 어느 정도 설명이 가능할지도 모르지요. 하지만 단 한 명도 없다는 사실을 설명하기에는 근거가 미약한 듯이 보입니다. 그보다 더 근본적인 이유들을 찾아봐야겠지요.

왕따와 폭력 문제가 심각해지면서 사회적으로 대대적인 캠페인을 벌이던 일을 기억할 것입니다. '학교 폭력 추방' 캠페인이 대표적인 것이지요. 그런데 곰곰이 돌이켜보면 이런 캠페인은 아이들의 급격한 변화가 이루어지던 1990년대 초·중반부터 지속되어 왔다는 사실을 알 수 있습니다.

'교실 붕괴'니 '학교 붕괴'니 하는 캠페인으로 시작해서 '왕따' 문제로 이어져 왔지요. 그것은 다시 '인성 교육'과 '학교 폭력 추방' 캠페인으로 고리를 이어갑니다. 이 캠페인은 전반적으로 아이들에 대해 부정적이고 공격적인 양상을 띠었습니다.

아이들의 변화를 읽으려는 진지한 노력은 찾아볼 수 없었습니다. 당연히 변화된 아이들과 변하지 않는 학교 체제의 충돌이 불러온 갖가지 문제들의 원인은 하나도 제대로 짚어 내지 못했구요. 그러니 그러한 문제들을 해결하기 위해 학교 체제가 어떻게 개혁되어야 하는가에 대한 논의는 더더욱 있을 수가 없었습니다.

기성 세대들은 문제의 원인을 밝히고 해결하려는 노력을 왜 기울이지 않은 걸까요? 또 아이들에 대한 부정적이고 공격적인 캠페인을 벌이는 데 몰두한 까닭은 무엇일까요?

근대 교육 체제에서 형성된 기득권을 잃고 싶지 않은 방어 의식이 무의식적으로 작용했던 것이겠지요. 그들은 자신들의 기득권을 지키기 위해 '이성에 의한 몸의 통제'라는 기존의 교육 틀 속에 아이들을 우겨 넣으려 애썼던 것입니다.

아이들의 요구가 이성적 언어로 표현되어 나오는 것을 철저하게 막으려 한 까닭도 그것일 터이구요. 지킬 박사임을 자부하는 우리 세대들이 하이드 씨가 나타났다고 고래고래 고함을 친 것도 바로 그 때문이겠지요.

그런데 정말 심각한 것은 위와 같은 현상이 기득권 세력에 국한된 게 아니라는 점입니다. 그 누구보다 아이들을 사랑한다고 자부하는, 개혁적 성향을 가진 교사들 사이에도 비슷한 현상이 나타나고 있거든요.

1980년대에는 학생 활동이나 학생 문화에 대한 관심이 교사들의 교육 개혁 논의의 중심에 늘 있었습니다. 그런데 이 캠페인이 이루어지는 10년 동안 학생 활동이나 학생 문화에 대한 관심은 교사들의 교육 개혁 논의에서 말끔히 지워져 버렸습니다.

그 결과는 참으로 가혹한 것이었지요. 조금 전에 아이들에게 학생회실을 만들어 주려다 엉뚱하게 끝나고 말았던 이야기를 했었지요? 그 후일담을 들려 줄까요?

그 문제에 함께 관심을 가졌던 교사들은 얼마 지나지 않아 다른 학교로 전근을 갔습니다. 그 뒤 학생부와 붙어 있던 학생회실은 없어지고 말았습니다.

학생회실이 있었던 공간은 문제를 일으킨 아이들을 위협하여 진술서를 받는, 말하자면 취조실로 변해 버렸지요. 그리고 학급 회장에 입후보할 수 있는 아이의 자격 조건에 성적 제한을 두게 되었습니다. 아이들이 자기 표현을 할 수 있는 통로가 완전히 봉쇄돼 버린 셈이지요.

지킬 박사들이 벌인 10년 동안의 대대적 캠페인은 그들 나름대로 성공적이었습니다. 아이들 세대를 이성적·공식적 매체로부터 쫓아내는 데 성공했으니까요. 우리 세대에 동화되지 않은 아이들은 이 이성적·공식적 매체들엔 등장할 수가 없으니까요.

그래서 아이들은 이성의 감시가 잘 미치지 않는 사이버 공간이나 모바일, 학교 화장실, 부모가 외출한 집 등에서 저희들끼리 의사 소통을 하기 시작했습니다. 어른들의 의사 소통 매체와 아이들의 의사 소통 매체가 완전히 분리되어 버린 것이지요.

이제는 왜 문예반에 아이들이 한 명도 오지 않았는지 이해할 수 있겠지요? 아이들의 입장에서 본다면, 문예반의 글쓰기 또한 이성적·공식적 글쓰기, 즉 어른들의 글쓰기에 해당하는 것이었기 때문이지요. 그러니 아이들 입장에서는 얼마나 낯설고 두렵고 답답하게 느껴지겠습니까?

그런데 재미있는 일은 정작 그 캠페인의 피해를 입은 것은, 캠페인을 주도한 지킬 박사들 자신이라는 사실입니다. 부메랑을 맞은 것이지요.

기성 세대의 의사 소통 매체와 젊은 세대의 의사 소통 매체가 철저하게 분리되어 있다 보니까, 젊은 세대의 의사 소통 매체에서 무슨 일이 일어나고 있는지 알 수가 없었던 것입니다. 그래서 전혀 예상치 못한 패배를 맞보게 된 것이지요.

일류 대학의 어느 학과를 나왔다고 해서 그 전공 분야의 실력을 정말로 많이 쌓았다고 볼 수는 없습니다. 일류 대학 출신이라는 것은 '고등학교 졸업 시점에 교과라는 제한된 영역에서 남들보다 많은 지식을 가지고 있었다'는 의미밖에 없으니까요. 그러니까 이 '고등학교 졸업 시점에 교과라는 제한된 영역의 지식 크기'가 신체 자본으로 전환되어 사회 계층을 형성시켜 온 것입니다.

제3장

난쟁이를
만드는
작은 통,
학교

)내 영혼이 걱정된다구요?(

1995년 무렵이었을 것입니다. 그 때 나는 요즘 아이들이 어떤 경로를 통해서 변화하고 있는지 파악해 보려 무척 애를 쓰고 있었습니다. 그러다 한자의 어원과 신화에 대한 공부에 깊이 빠져들어 버렸습니다.

동북 아시아의 신화를 소개한 책이 제대로 없었던 때였지요. 그래서 아주 전문적인 내용을 다루고 있는 논문의 구석쟁이에 끼어 있는 신화들을 찾아 읽을 수밖에 없었습니다. 고리타분한 논문들을 한창 뒤적거리고 있을 때, 출판사를 경영하는 친구가 찾아왔습니다.

"바쁘다면서, 왜 이렇게 고리타분한 것들을 읽고 있어?"

그 친구가 농담 반 진담 반으로 물었습니다.

"나름대로는 바쁜 때라서 바쁘게 읽고 있는 거야. 그나저나 신화에 관한 책들이나 한번 준비해 보지? 머지않아 그런 책들이 장사가 될 것 같은데……."

"신화라니, 아닌 밤중에 웬 홍두깨야?"

"요즘 아이들의 의식 변화가 어떤 식으로 일어난 건지를 살펴보는 중이거든. 그런데 아이들의 변화된 의식 구조가 신화와 통하는 면이 있는 것 같아."

그 친구는 나의 권고를 무시했습니다. 지금은 그 때 내 얘기를 듣지 않았던 걸 몹시 후회하고 있지만요. 알다시피 1990년대 후반부터 신화와 판타지 붐이 겁나게 일었으니까요.

2000년에 복직하고 보니, 아이들이 온통 판타지 소설에 빠져 있더군요. 수업 시간에 몰래 읽고 있는 책들을 뺏어 보면 거의 다 판타지 소설들이었습니다.

도대체 어떤 내용이기에 아이들이 그렇게 빠져 있나, 하고 교무실에서 틈틈이 읽어 보았습니다. 정말로 엉터리가 따로 없더군요. 예를 들면, 중국의 무림계 이야기가 한참 나오다가 주인공이 갑자기 차원 전환을 해서 《반지의 제왕》에 나오는 중간 세계로 가는 식입니다. 아니면 이집트의 피라미드 속에 있던 파라오가 갑자기 한국에 나타나 저주를 내리는데, 한국의 무당과 신부, 수도사 등이 힘을 합쳐 물리치는 식의 황당한 내용들이었지요.

좀 나은 것들은 주인공의 이름에서부터 서구적인 데다 동원되는 신화적 모티프도 모두 서양의 것들이더군요. 배경 역시 서양의 중세나 고대였습니다. 번역된 책인가 싶어서 이름을 확인해 보면, 대부분은 한국 사람이 쓴 것이었지요.

신화는 결코 비현실적인 게 아닙니다. 그 시대의 철학이자 역사이자 문학이자 경전이었습니다. 그렇기 때문에 신화적 골격이나 모티프를 활용해서 창작을 할 때는 그 신화가 발생한 문화 배경으로부터 마음대로 분리를 해서는 안 됩니다. 그렇게 마음대로 분리해서 멋대로 조합해 버리면 오락물은 될지 몰라도 작품으로서의 의미는 없어지지요.

언어는 지층 구조로 되어 있습니다. 우리 언어는 유교 문화의 의미 지층도 있고, 불교 문화의 의미 지층도 있습니다. 그 맨 밑바닥의 지층이 바로 신화적 사유의 지층이지요. 이 신화적 사유의 지층은 알게 모르게 우리 사고의 가장 큰 틀을 규정하고 있습니다. 의미 있는 판타지 작품이라면 당연히 모국어의 신화적 지층과 연관되면서 거기에 새로운 의미를 보탠 것이어야 하겠지요.

아이들에게 뺏은 책을 읽어 보고 난 뒤, 머릿속이 복잡해지기 시작했습니다.

'신화나 판타지는 아이들의 핵심 코드인데, 이렇듯 쓰레기 같은 책들만 있어서 되겠는가? 사람이 100% 긴장하고 살 수는 없는 노릇이니까, 95% 정도는 쓰레기 같은 것들을 오락 삼아 읽을 수도 있다 치자. 하지만 5%는 좋은 판타지를 읽을 수 있어야 하는 것 아닐까? 그래야 앞으로의 문화가 건강해질 수 있을 텐데……'

이런 생각에 휩싸인 채, 우리 나라 사람이 쓴 괜찮은 판타지가 있는지 여기저기 찾아보았습니다. 하지만 그 어디에도 없더군요. 순간 10년 동안 신화 공부를 해 온 내가 좋은 판타지를 한번 써 봐야겠다는 생각이 들더군요. 그래서 틈틈이 원고를 쓰기 시작했습니다. 가끔은 수업이 비는 시간을 이용해서 학교에서 원고를 쓰기도 했지요.

어느 날 친하게 지내던 한 선생님이 뭘 하는지 궁금해 하며 원고를 들여다보았습니다. 그 선생님은 독실한 기독교 신자였는데, 생각이 아주 건실한 분이었습니다. 그런데 달포쯤 지났을까요? 생각지 못한 이야기가 몇 다리를 건너서 나에게 전해져 왔습니다.

내용인즉, 그 선생님이 나를 무척 염려하고 있다는 것이었습니다. 김진경 선생님의 어머님은 교회에 오래 다니신 분이라 선생님을 위한 기도가 지극하신데, 이런 일이 생겨서 안타까운 마음을 감출 수가 없다나요? 내 영혼에 문제가 생긴 것 같다고 하더군요. 아무래도 미신에 빠지는 듯하다구요.

그 말을 듣고 나는 깜짝 놀랐습니다. 세상에 문화의 문제를 종교의 문제로 간단히 재단해 버릴 수도 있는 거구나, 그럴 수 있는 거대한 벽이 우리 사회와 문화 속에 자리 잡고 있었구나, 하는 충격에 머리가 어지러웠지요.

이 사건을 전초전으로 해서 《고양이 학교》가 세상에 나와 돌아다니는 동안, 나는 눈에 보이지 않는 수많은 벽들을 확인했습니다. 참 좋은 공부를 한 셈이지요.

어느 편집자의 표현을 빌리자면, 《고양이 학교》는 우리 나라 동화 중 최초로 아이들이 부모를 졸라서 사는 책이라고 하더군요. 실제로 아이들이 워낙 재미있게 읽어 주어서 웬만큼 팔리기도 하고 또 그만큼 세상에 알려지기도 했지요. 그 덕분에 동화에 관심 많은 부모님들의 모임에 초청되어 몇 차례인가 강연을 하기도 했습니다.

어느 지방에 강연을 갔을 때였습니다. 강연이 끝난 뒤, 한 부모님이 질문을 했습니다.

"저는 불교 신자라서 그런지 《고양이 학교》를 아주 재미있게 읽었어요. 아무런 거부감이 안 들더라구요. 그런데 교회에 나가시는 분들은 거부감이 큰 모양이에요. 그래서 논란이 많아 어린이 권장도서로 선정하기도 어려웠답니다. 오시면 왜 그런 현상이 일어나는 건지 꼭 물어 보고 싶었습니다."

순간 내 영혼을 염려해 준 동료 선생님에게서 드러났던 벽의 모습은 빙산의 일각이었다는 생각이 들었습니다.

"우리에게 알려진 신화는 우리 것이든 서구 것이든 모두 샤먼 신화입니다. 왜냐 하면 신화가 기록되기 시작한 고대 국가 성립 전후엔 인류 문화 전반이 샤먼의 단계에 있었기 때문이죠. 우리가 그 시대의 신화들을 종교적 잣대로 재단해 미신이라고 몰아붙이진 않잖습니까? 그냥 하나의 문화로 바라봐야지요. 신화의 골격이나 모티프를 차용해서 창작되는 판타지도 마찬가지입니다. 문화적 현상으로 대해야 하는 거지 종교의 문제로 보는 건 넌센스입니다. 더구나 《반지의 제왕》이나 《해리 포터》 같은 서구의 판타지에는 열광하면서 우리의 판타지를 미신이라고 한다는 건 말이 안 되지요."

내가 이런 말을 한다고 해서 그 벽이 쉽게 흔들렸겠습니까? 그렇다고 내가 만난 사람들이 유독 보수적인 성향을 가진 사람들이거나 문제가 있는 사람들이라고 생각하는 것 또한 커다란 오해입니다.

나름대로 건실하고 진보적인 성향을 가진 사람들이었으니까요.

어쩌면 그 벽은 정도의 차이지, 우리들 마음속에도 어느 정도 자리를 잡고 있는지도 모릅니다. 그러니까 높고 큰 벽이 아니겠어요?

그 벽을 계속 들여다보고 있으면《고양이 학교》가 판타지인지 우리 현실이 판타지인지 헷갈리기 시작합니다. 우리 현실이 마치 서쪽에서 온 강력한 마법사들이 힘을 합해, 풀지 못할 마법을 걸어놓은 판타지 세계의 어느 왕국 같아 보이니까요. 특히 우리의 학교 교육을 들여다보면 그런 생각이 많이 듭니다. 정말 우리의 학교 교육은 우리에게 걸려 있는 강력한 마법이 아닐까요?

)마법의 돌, 교과서(

노무현 정부로 들어서면서 학교 교육과 관련하여 풀어가야 할 마법으로 가장 많이 이야기된 것이 '학력 사회'입니다. 여기저기서 그것과 관련하여 심포지엄을 열기도 했고, 또 학력 사회를 극복하겠다는 시민 단체까지 생겨났지요.

나도 대구 시민 단체에서 하는 심포지엄에 발제자로 초청받은 적이 있었습니다. 내 발제는 맨뒤에 있어서 지루하게 이어지는 앞의 발제들을 망연히 듣고 있어야 했습니다. 그런데 발제를 들으면 들을수록 화가 나는 것이었습니다. 발제자들이 모두 학력 사회의 피해자라는 입장에서 이야기를 하고 있지 뭡니까?

학력 사회는 전혀 의도하지 않는데도 불구하고 실수로 나타난 것이며, 그 곳에서 발제를 하고 있는 자신 또한 그러한 실수의 피해자라는 것이었습니다. 이렇듯 심각한 피해를 생각할 때 학력 사회란 실수는 하루 빨리 고쳐지지 않으면 안 된다는 식이었습니다.

가장 화나게 만들었던 것은 학력 사회 극복을 위한 단체에서 온 교수들의 발제였지요. 그러다 나의 차례가 되었습니다. 나는 화가 머리 꼭대기까지 나서 원고에도 없는 강경 발언으로 발제를 시작했습니다.

"학벌 사회를 이야기할 때마다 느끼는 것인데요. 흔히들 그러더군요. '전혀 의도하지 않았는데 그것이 실수로 나타났다.' 그래서 부분적으로 손을 잘 보면 문제가 간단히 해결될 것 같다는 것입니다. 나는 학벌 사회에 대한 이런 생각이 매우 안이하고 자기 기만적이라고 생각합니다.

학벌 사회는 결코 실수로 나타난 게 아닙니다. 학력 사회는 지금도 유지되고 있는 한국 근대 교육 체계가 혼신의 힘을 다해 만들어 낸 결과물입니다. 그러니 좀 아이러니컬하게 말하자면, 여기 발제를 하는 사람이나 앞에 앉아 있는 여러분이나 심지어는 학벌 사회의 피해를 크게 입었다고 주장하는 사람들까지도 그 근대 교육 체계 안에서 열심히 살아온 만큼 학벌 사회를 만들고 유지시켜 오는 데 공헌한 주인공들이라 할 수 있습니다.

실제로 이 자리를 떠나 생활인으로 돌아가면, 우리들 역시 아이의 점수를 걱정하는 등의 행위를 통해 학벌 사회와 한국 근대 교육 체계 유지에 열심히 복무할 것임에 틀림없습니다. 그렇기 때문에 철저한 자기 반성과 근대 교육 체계의 개혁을 전제하지 않은 '학벌 타파' 논의는 늘 자기 기만으로 떨어질 수밖에 없습니다."

나의 강경한 발언에 모두들 뜨악한 표정을 짓더군요. 그런데 도대체 한국 근대 교육 체계라는 마법이 어떻게 생겨먹은 것이기에 누구나 치를 떠는 학벌 사회를 만들어 내게 된 걸까요?

한국의 근대 교육 체계가 어떤 마법인가를 알기 위해서는 그 주문이 뭔지부터 알아내야겠지요. 우리 세대가 어렸을 때 귀에 못이 박이게 들은 말이 뭐지요? 바로 '잘살아 보세!' 입니다. 그 때는 라디오도 잘 없었던 시절이어서 집집마다 '스피커'를 마루의 기둥에 달아 놓았었지요.

이장 집에서 일방적으로 트는 내용이 스피커를 통해 줄줄이 흘러나오곤 했습니다. 라디오 드라마나 유행가 같은 것들은 제법 들을 만했는데, 새벽 댓바람에 흘러나오는 그 〈새마을 노래〉는 참말로 끔찍했지요. 그 뒤에 지루하게 이어지는 연설들……. 그 연설의 내용들이 무엇이었는지 기억납니까?

"우리도 미국이나 일본을 모델로 삼아 빨리빨리 좇아가면, 미국이나 일본처럼 선진국이 되어 잘살 수 있다."

대개는 이런 내용들이었습니다. 학교 선생님이나 면장이나 이장이나 귀에 인이 박일 만큼 똑같은 이야기를 해대곤 했지요. 이게 우리 근대 교육 체계라는 마법의 첫 번째 주문입니다.

그러면 두 번째 주문은 무엇일까요? 미국이나 일본을 모델로 해서 빨리빨리 좇아가려면 학교에서는 무엇을 해야 할까요? 학교에서는 서구의 지식을 될 수 있는 한 빠르게 받아들여야겠지요.

그러기 위해서는 짧은 시간에 많은 사람들에게 주입시키고 암기시켜야 합니다. 지식면에서 서구를 빨리 따라잡아야 미국이나 일본 같은 선진국을 빨리 좇아갈 수 있을 것 아니겠습니까? 이것이 두 번째 주문입니다.

자, 그러면 주문은 결과적으로 어떤 마법을 불러왔을까요? 일차적으로, 학교 간의 등수를 매기게 했습니다. 마법의 돌이라 할 수 있는 서구 지식에 얼마나 가까이 다가가 있는가를 기준으로 삼아 각각의 학교에 등수를 매기도록 하였지요. 여기서 일등은 어느 학교일까요? 두말할 것 없이, 우리가 전수받아야 할 지식을 생산하는 서구의 대학이지요.

그리고 서구의 그 지식을 가장 빨리 받아들이는 서울의 일류 대학, 그 다음은 그에 또 가까이 있는 서울의 대학, 지방 대학, 고등학교(일류 · 이류 · 삼류 고등학교), 중학교, 초등학교 순으로 일목요연하게 등수가 매겨지는 것입니다.

이 등수가 매겨진 학교의 졸업장은 그대로 사회에 통용되어, 어느 학교를 졸업했느냐에 따른 사회적 서열화를 낳게 됩니다. 이것이 이른바 학벌 사회라는 것이지요.

이제 왜 내가 앞의 발제를 들으면서 화가 머리 꼭대기까지 났는지 알겠습니까? 우리 사회에서 대부분의 대학 교수들은 서구에서 얻은 얼마 안 되는 전문 지식을 가지고 별다른 창의적인 노력 없이 평생을 무난하게 잘 지내 왔습니다. 학벌 사회의 혜택을 가장 많이 누린 사람들이 바로 그들인 셈이지요.

그런데 갑자기 학력 사회의 피해자인 것처럼 나선 것입니다. 그리고는 학벌 사회를 만들어 낸 근대 교육 체계의 문제점은 건드릴 생각조차 하지 않고, 마치 학벌 사회가 정책적 실수로 나타난 것인 양 이야기하는 겁니다. 이쯤 되면 화가 날 만하지 않습니까?

학교별 등수가 매겨지고, 어느 등수의 학교를 졸업했느냐가 사회적 서열을 매기는 데 큰 몫을 차지한다는 건 학교가 사회 · 경제적 신분 상승의 외줄 사다리가 된다는 걸 뜻합니다. 신분 상승의 외줄 사다리에 아이들은 일등부터 꼴찌까지 차례로 줄 세워지는 것이지요. 학부모와 학생들은 이 사다리에서 좀더 높은 서열로 올라가기 위해 치열한 경쟁을 벌일 수밖에 없습니다. 입시 경쟁, 즉 입시 위주의 교육이 바로 이런 맥락에서 생겨난 것입니다.

그런데 아이들을 외줄 사다리 위에 세우기 위해서는 근거가 되는 기준이 있어야 하지 않겠습니까? 그 잣대 역할을 하는 것이 바로 교과서입니다. 우리 근대 학교 교육에서 교과서는 마법의 돌이라고 할 수 있는 서구의 지식, 즉 인류 문화의 정수를 압축해 놓은 것으로서 절대적 권위를 가지고 있었습니다.

외줄 사다리의 위에 서느냐 밑에 서느냐는, 이 교과서의 지식을 누가 더 많이 암기하고 습득했느냐에 따라 결정이 됩니다. 창의적 능력은 계량화하기 어렵지만 정해진 지식을 누가 더 잘 암기하고 습득했느냐를 가지고 점수화하는 것은 쉽습니다.

이 단순화된 점수 가운데서 누가 1점 혹은 0.5점을 더 받느냐에 따라 사다리의 위에 서기도 하고 아래에 서기도 하지요. 그리고 대학 입시에서는 결정적으로 한 사람의 운명을 가르기도 합니다.

도대체 0.5점이나 1점이 한 아이의 능력을 평가하는 데 얼마나 큰 의미가 있겠습니까? 시골에서 부모의 일을 도와 주며 공부를 한 아이가 좋은 조건에서 공부를 한 아이보다 1점을 덜 받았다고 해서 능력이 부족하다고 말할 수 있을까요?

오히려 훨씬 더 뛰어난 능력을 가졌다고 볼 수는 있겠지요. 하지만 이런 것들은 통하지 않습니다. 학부모와 학생들의 이해 관계가 첨예해지면 첨예해질수록 그걸 조정할 수 있는 유일한 근거로서 점수는 절대화될 수밖에 없으니까요.

)또 하나의 마법, 학벌 사회(

서울은 그래도 덩치가 크고 복잡해서 학벌 사회의 단면들이 쉽게 드러나지 않습니다. 그런데 지방의 작은 도시로 가면 학벌 사회의 면면들이 일상 생활 속에서 아주 노골적으로 드러납니다.

지방 도시에서는 그 지역의 명문 고등학교를 나왔느냐 나오지 않았느냐가 아주아주 중요합니다. 명문 고등학교를 나오지 않으면 구멍가게도 제대로 해먹기가 어렵거든요.

지방의 농업 고등학교를 나온 사람들은 스스로 '농고짜리'라는 자격지심을 갖고 있습니다. 그러니까 다른 사람들이 자신들을 좀 무시하거나, 그것 때문에 피해를 입히더라도 대개는 당연한 것으로 받아들입니다. 농고 출신이 이 벽을 허물고 지방 도시에서 성공한다는 것은 그야말로 하늘의 별 따기지요.

반면 그 지역의 명문 고등학교를 나온 사람들은 무엇을 하든 쉽게 성공할 수 있습니다. 그 지역의 모든 분야에 걸쳐 주요한 위치는 모두 그 고등학교 동문들이 차지하고 있으니까요. 그 인맥의 도움을 받아 쉽게 성공할 수 있는 것입니다.

심지어는 지역의 조직 폭력배 우두머리도 명문고 출신이 아니면 될 수가 없습니다. 폭력 조직의 우두머리는 경찰이나 검찰 같은 관공서에 연줄이 두루 있어서 조직을 보호할 수 있어야 하거든요. 그 지역의 명문고 출신이 아니면 그런 연줄이 있을 리가 없지요.

프랑스의 사회학자 부르디외는 자본의 범주를 넓혀서 '문화 자본'과 '신체 자본'이라는 말을 썼습니다. '문화 자본'은 경제 자본처럼 물질의 형태로 존재하는 게 아니라, 교육을 통해 습득한 지적 능력과 같이 눈에 보이지 않는 정신적 능력을 뜻합니다.

지금 글을 쓰고 있는 나 같은 사람은 경제 자본은 별로 없지만 '문화 자본'이 꽤 많은 편이 되지요. 내가 가지고 있는 문화 자본이 원고료의 인세와 같은 경제 자본으로 바뀌어 내 생활의 밑천이 되는 것입니다.

'신체 자본'은 사람의 몸에 체현되어 있는 매너 같은 겁니다. 어느 정도의 매너를 가지고 있느냐에 따라 맺어지는 인간 관계의 유형이 달라집니다.

예컨대 승마를 즐기는 사람이 있다고 합시다. 이 사람이 승마라는 취미 활동을 통해 형성하는 인간 관계는 테니스를 즐기는 사람이 맺는 인간 관계와는 다를 수밖에 없습니다. 승마를 하는 사람은 주로 상류층 인사들과 인간 관계를 맺을 것이고, 테니스를 즐기는 사람은 중간층의 인사들과 인간 관계를 맺을 테니까요.

이렇게 맺어진 인간 관계는 이 두 사람이 사업을 할 때 발휘하는 힘의 크기를 전혀 다르게 만들 것입니다. 이런 게 바로 신체 자본이라는 것이지요. 승마를 하는 사람은 취미 활동으로 하는 스포츠만 그런 게 아니라 생활의 다른 측면에서도 비슷한 수준의 세련미와 매너를 추구하게 마련입니다. 이 생활에서 몸에 밴 매너가 그 사람이 맺는 인간 관계의 성격을 규정하고, 또 이 인간 관계가 결국 사회 · 경제적 힘으로 바뀐다는 것이지요.

이 '문화 자본'과 '신체 자본'이란 말을 학벌 사회에 빗대어 보면 그 현상이 아주 잘 보입니다. 예를 들어 서울의 일류 대학을 나온 사람과 지방 대학에서 같은 학과를 전공한 사람이 있습니다. 그런데 지방 대학을 나온 사람의 실력이 서울의 일류 대학을 나온 사람보다 훨씬 낫다고 합시다.

부르디외의 말에 따르면, 서울의 일류 대학을 나온 사람은 문화 자본의 크기가 작고 지방 대학을 나온 사람은 문화 자본의 크기가 큽니다. 그런데 사회적으로는 이 두 사람의 문화 자본 크기가 어떻게 평가될 것 같습니까?

우리 사회를 조금이라도 아는 사람이라면 지방 대학을 나온 사람의 문화 자본 크기가 정당하게 평가받을 수 있다고 말할 수 없을 겁니다. 십중팔구는 거꾸로 평가되겠지요. 서울의 일류 대학을 나온 사람의 문화 자본이 지방 대학을 나온 사람보다 크게 말입니다.

이게 바로 학벌 사회입니다. 한 사람이 가지고 있는 문화 자본에 대한 평가가 출신 학교에 의해 심각하게 왜곡되는 사회 말입니다. 이러한 왜곡은 개인에게도 피해를 주지만, 국가·사회적으로도 심각한 손실을 주겠지요. 사람들이 가지고 있는 문화 자본이 잘못 평가되어 제대로 활용될 수 없게 하니까요.

그러면 우리 사회에서 '출신 학교'는 어떤 역할을 하기에 한 사람이 가지고 있는 문화 자본의 크기를 왜곡할 수 있는 것일까요?

우리 사회에서 '출신 학교'는 '문화 자본'의 성격을 갖는다기보다는 '신체 자본'의 성격을 가집니다. 그 사람의 심신에 새겨진 채 평생을 따라다니며, 그 사람이 맺는 인간 관계의 수준과 성격, 사회적 평가에 절대적 영향을 주지요.

) 신체 자본과 문화 자본 (

'신체 자본'은 경제 자본이나 문화 자본에 비해 계급성이 강하고 배타적입니다. 예컨대 재벌 1세대인 정주영 같은 사람은 엄밀한 의미에서 상류층이라고 보기가 어렵습니다. 경제 자본은 많지만 상류층으로서 갖추어야 할 문화 자본과 신체 자본은 갖추고 있지 않기 때문이지요.

특히 결정적인 문제는 신체 자본을 갖추지 못한 점입니다. 다른 예를 하나 들어 볼까요? 내가 아는 사람 중에 지방에서 졸부가 된 사람이 있습니다. 이 친구는 경제적 여유가 생기자 아이들 교육에 신경을 쓰기 시작했지요. 그래서 서울의 강남에 아파트를 한 채 사서 아이들과 집사람을 이사시켰습니다.

그런데 이사한 지 일 년 만에 아이들과 집사람을 지방으로 철수시키고 말았습니다. 아이들이 공부를 못 따라가서가 아니었습니다. 공부는 따라가지만 강남 아이들이 그 나이에 이미 형성하고 있는 '신체 자본'을 따라갈 수가 없었습니다.

가령, 그 곳 아이들은 서너 살 때 수영을 시작해서 초등학교 저학년 때는 이미 일정 수준에까지 도달해 있습니다. 피아노, 미술, 발레 등등이 다 그런 식이었지요. 유아 때부터 이미 신체 자본을 형성하고 있었던 것입니다. 그걸 따라갈 수가 없었다는 것이지요. 이 때문에 아이들이 촌놈 취급에다 따돌림까지 당해서 철수를 시킬 수밖에 없었다는 것입니다.

엄밀히 말하면 우리 사회에서 '출신 학교'란 건 문화 자본을 가장한 '신체 자본'입니다. 출신 학교가 신체 자본으로 기능한다는 것은 그 배타성을 통해 사회적 계급이나 계층을 분화시키는 힘을 가지고 있다는 뜻입니다.

실제로 전에는 어떤 학교를 나왔는가가 그런 기능을 했습니다.

우리 세대가 그 혹독한 입시 경쟁을 견디며 딱딱한 의자에 앉아 있었던 것은 학교 교육에서의 성공이 사회·경제적 신분 상승을 가져올 수 있다는 기대감 때문이었습니다.

학교 교육의 성공이란, 곧 일류 대학에 들어가는 것을 의미했지요. 그리고 우리 세대의 소수는 실제로 학교 교육을 통해 신분 상승을 이루기도 했습니다.

'출신 학교'가 문화 자본을 가장한다는 것은 '출신 학교'가 근대 학교 교육이 가지고 있는 사회적 계급 및 계층의 분화 기능을 숨기고 정당화한다는 걸 뜻합니다. 우리 나라의 교육 체제는 거꾸로 되어 있지요.

서구의 경우에는 고등학교까지는 별로 공부를 안 하다가 대학에 들어가고 난 뒤부터 죽어라 공부를 합니다. 그렇게 안 하면 졸업을 할 수 없으니까요. 우리의 경우는 고등학교까지는 죽어라 공부를 하는데, 대학에 들어가면 판판이 놀거나 취직을 대비해서 전공과 상관 없는 공부를 많이 합니다.

그러니까 일류 대학의 어느 학과를 나왔다고 해서 그 전공 분야의 실력을 많이 쌓았다고 볼 수는 없는 것이지요. 결국 일류 대학 출신이라는 것은 '고등학교 졸업 시점에 교과라는 제한된 영역에서 남들보다 많은 지식을 가지고 있었다.'라는 의미밖에 없습니다.

그러니까 이 '고등학교 졸업 시점에 교과라는 제한된 영역의 지식 크기'가 신체 자본으로 전환되어 사회 계층을 형성시켜 온 것입니다.

)마법에 갇힌 학교(

어떠한 체계든 그 사회를 구성하는 사람들의 최소한의 동의 없이 강제력만으로 유지되지는 못합니다. 한국의 근대 교육 체계 역시 마찬가지입니다. 그러면 한국의 근대 교육 체계가 사회 구성원들에게 동의를 이끌어 냈던 근거는 무엇일까요?

그 답은 지금의 기성 세대가 자신의 학창 시절을 돌아보기만 하면 쉽게 구해집니다. 어떤 생각으로 그 살인적인 입시 교육을 견디며 교실에 앉아 있었을까요?

그것은 학교 교육에서의 성공이 사회·경제적 신분 상승을 가져온다는 희망과, 학교 교육을 통해서 완전히는 아니더라도 어느 정도 기회가 균등하게 주어진다는 믿음 때문이었습니다.

사회 구성원 전체로 봤을 때, 비록 이 믿음이 허위에 가깝다 하더라도, 사회적 통념으로 자리 잡고 있었던 것만은 틀림없습니다. 그리고 부분적일지 모르지만 전혀 근거가 없는 얘기도 아니었구요. 1960년대의 우리 사회는 너나없이 모두 가난했습니다.

그래서인지 우리 또래들을 만나 어린 시절 이야기를 하다 보면, 태어나고 자란 곳이 달라도 하는 얘기는 거의 비슷비슷합니다. 워낙에 못살았기 때문에 사회 계급이니 계층이니 하는 것을 따지는 일이 되레 우스울 정도였으니까요.

전통 농경 사회의 지주나 소작인 같은 사회 계층은 이미 깨졌고, 산업 사회형의 사회 계층은 아직 형성되지 않았을 때였습니다. 그렇기 때문에 실제로 학교 교육을 통한 신분 상승이 부분적으로나마 가능했습니다. 아마도 오늘날 중산층의 일정 부분은 그 덕을 본 사람들일 것입니다.

대략 1980년대 초·중반까지는 학교 교육을 통한 신분 상승과 학교 교육의 기회 균등이 한국의 근대 교육 체계에 정당성을 부여했다고 할 수 있습니다.

그래서 이 시기까지는 학교 교육에 대한 신뢰도가 비교적 높았습니다. 아마도 전두환 정권의 과외 금지 조치는 이 정당성을 유지시키고자 하는 마지막 노력이었을 것입니다.

한국의 근대 교육 체계는 1980년대 중반을 넘어서면서 급격히 정당성을 상실해 갔습니다. 수년 전 대학 신입생들에 대한 과외비 설문 조사 결과가 신문에 발표되었습니다. 일류 대학 신입생일수록 과외비를 많이 쓴 것으로 나타났습니다. 결국 중산층 이상의 자녀들이 일류 대학에 진학하기가 쉽다는 얘기지요.

이것은 학교 교육을 통한 신분 상승이 더 이상 가능하지 않으며, 더 이상 교육의 기회 균등을 말하기 어려운 상태에 이르렀다는 걸 뜻합니다. 오늘날의 학생이나 학부모들은 거의 본능적으로 이러한 사실을 감지하고 있습니다. 그렇기 때문에 학교를 별로 신뢰하지 않습니다.

그런데 왜 오늘날의 학생들은 신분 상승에 대한 희망도 기회 균등에 대한 믿음도 없는데, 그 살인적인 입시 교육을 견디며 교실에 앉아 있는 걸까요? 그것은 신분 추락에 대한 불안감 때문입니다.

대도시의 학교가 공동화되고 사교육이 발호하는 원인도 바로 여기에 있지요.

남들과 똑같이 받는 학교 교육으로는 신분 추락에 대한 불안감을 잠재울 수 없습니다. 남들이 받지 않는 사교육, 남들이 받는 사교육보다 더 특별하고 많은 사교육, 더욱더 특별하고 많은 사교육을 통해 신분 추락의 불안감을 해소하려 하는 것이지요.

이 악순환은 끝이 없습니다. 불안감은 병리적인 것이어서 결코 배부른 줄을 모르기 때문입니다.

사교육의 열풍이 끊임없이 서울 강남의 중산층을 중심으로 확산되는 것도 마찬가지로 설명할 수 있습니다. 양극화의 경향이 점점 강해지는 우리 사회에서 신분 추락의 불안감이 가장 큰 집단은 경제적인 여유가 어느 정도 있는 강남의 중산층입니다. 그렇기 때문에 가장 앞장서서 특별하고도 특별한 사교육을 추구할 수밖에 없는 것이지요.

그리고 불안감은 전염성이 매우 강하기 때문에 전 지역 전 계층으로 끊임없이 확산되어 갑니다. 이 열풍은 대도시의 경우는 사교육의 확대 및 학교 교육의 공동화로, 지방의 경우는 학교 보충 자율 학습의 강화로 나타나고 있습니다.

그런데 사교육을 많이 받는 것이, 일반적으로 아이들에게 효과적이냐 하면 별로 그렇지 않습니다. 아이들은 학원에서 미리 진도를 나가기 때문에 학교에서 수업을 거의 듣지 않습니다. 그렇다고 학원에서 성실히 수업을 듣는가 하면 그렇지도 않지요.

사실 대중적 사교육이라 할 수 있는 학원 교육의 질 또한 결코 높지 않습니다. 점수 따기와 직접 연결되는 파편화된 지식과 기술을 가르칠 뿐이지요. 질이 낮은 건 강남의 사교육이라고 해서 예외가 아닙니다. 예를 들어 볼까요?

내가 잘 아는 친구가 강남의 중학교에서 국어를 가르치고 있습니다. 이 학교의 국어과는 과목의 전체 점수 중 절반은 지필 시험으로, 나머지 절반은 수행 평가로 점수를 내고 있습니다. 국어과 교사들은 단편적인 지식보다는 종합적인 사고력을 길러 줄 목적으로 수행 평가를 독서로 하는데 무척 애를 먹는다고 하더군요.

처음에는 읽은 책의 내용을 요약하는 형태의 논술식 시험으로 평가를 했답니다. 그랬더니 학원에서 책의 내용을 잘 요약한 모범 답안을 만들어서 학습시키더라는 겁니다. 아이들은 정작 책을 안 읽는 것이지요.

그래서 책을 읽지 않으면 답할 수 없는 세부적인 내용들을 뽑아서 주관식으로 물었습니다. 이번에는 학원에서 이백 가지 정도의 예상 문제를 만들어서 학습시키더라는 겁니다. 역시 아이들은 책을 읽지 않아도 되었습니다.

다음으로 개발한 방법이 자신의 경험이나 느낌과 연관시켜 책의 내용을 논술하는 것이었는데, 이건 또 채점에 소요되는 시간이 너무 많아서 어려움이 있었습니다. 물론 이번에도 학원에선 모범 답안을 만들었구요. 아이들의 글이 정말 자기 이야긴지 아닌지를 판단하기 위해선 아주 꼼꼼하게 읽어 보아야 했지요.

그래서 마지막으로 세부적인 내용을 주관식으로 물은 다음, 읽은 책을 가지고 와서 뒤적거리면서 답을 찾아 쓰도록 했다고 합니다. 이른바 오픈 북 형식으로 평가를 한 것입니다.

책을 읽지 않으면 묻는 내용이 어디쯤에 나오는지 알 수가 없으니까 사전에 읽고 올 수밖에 없지요. 그 때서야 아이들이 비로소 책을 읽더라는 겁니다.

사교육은 오로지 점수를 높이는 데 목적이 있기 때문에 진정한 의미의 교육을 하지 않습니다. 사교육은 학교 수업을 공동화시키는 주요 원인이 되고 있지만, 학교 교육을 대체할 만큼의 질을 가지고 있는 것은 아닙니다.

그런데 학교의 수업이 공동화되고 있다면 도대체 학생이나 학부모들이 인정할 만한 기능은 무엇일까요? 그것은 국가가 배타적으로 학교에만 부여한 공적인 평가 기능입니다. 이 평가에 대해 요즘의 학생이나 학부모들은 예전의 학생이나 학부모들보다 훨씬 더 병적으로 집착합니다.

추락에 대한 불안감이 이러한 병적 집착을 만들어 내는 것이지요. 학부모들은 추락하지 않을 수 있는 명료하고 확실한 보장을 원합니다. 그렇기 때문에 평가는 숫자로 계량화되는 점수를 벗어날 수가 없습니다. 이 추락에 대한 불안감과 점수라는 평가 기준에 대한 집착이 오늘날 학교의 형식을 유지시키고 있다고 해도 과언이 아닙니다.

겉으론 똑같은 학교의 모습이라 하더라도 그걸 유지시키는 힘이 상승에 대한 욕구에서 오는 것과 추락에 대한 불안감에서 오는 것에는 하늘과 땅의 차이가 날 수 있겠지요.

그러면 과연 추락에 대한 불안감이 유지시키고 있는 오늘날의 학교는 우리 아이들과 사회에 어떤 역할을 하고 있는 걸까요?

)난쟁이를 만드는 작은 통(

우리가 어렸을 때 커다란 구경거리 중의 하나가 서커스였습니다. 서커스단은 이 지역 저 지역을 떠돌아다니며 공연을 합니다. 어느 날 요란하게 장식을 하고 마이크를 단 트럭이 나타나 신나는 음악을 흘리며 떠들어 대지요.

서커스단이 이 동네에 들어왔으니, 구경 오라고 선전을 하는 겁니다. 부모님을 조르고 졸라서 구경을 가곤 합니다. 서커스 구경을 하면서 우리가 신기해 한 것 중의 하나가 재주를 부리는 난쟁이들이었습니다.

'우리 동네엔 난쟁이가 없는데 다른 동네에는 난쟁이가 많이 사나? 어디서 저렇게 많은 난쟁이들을 데려오는 거지?'

별의별 생각을 다 하면서 친구들과 수군거립니다. 그러다 그럴 듯한 이야기 하나를 만들어 내지요. 난쟁이들은 원래부터 저런 게 아니라 어린애를 잡아다 작은 통에 가두어 기른 거라고……. 거대한 서커스 천막 뒤에 난쟁이 키만 한 나무통들이 잔뜩 쌓여 있는데, 그게 바로 난쟁이를 만드는 통이라고……

이쯤 되면 진짜 나무통을 보았다는 녀석이 나오게 마련입니다. 그러면 한 술 더 떠서 서커스 단원들이 우리 같은 어린애를 잡아다 그 통 속에 집어 넣는 걸 두 눈으로 똑똑히 보았다는 녀석도 나오게 됩니다.

그래서 서커스 천막 뒤의 난쟁이 만드는 통을 보러 갔다가 서커스단 사람들과 마주치기도 합니다. 잡혀서 난쟁이가 되는 게 아닌가 싶어 '걸음아, 나 살려라.' 하고 도망치곤 했지요.

자, 어릴 적에 우리가 상상하곤 했던 그 난쟁이를 만드는 작은 통을 머릿속에 떠올려봅시다. 이 나무로 만든 작은 통은 처음에 어린애가 들어갔을 땐 난쟁이를 만드는 통이 아니었습니다.

어린애의 키가 나무통보다 작으니까, 엄밀히 말하면 나무통이 키를 못 자라게 하는 건 아니지요. 그런데 그 어린애가 나이를 먹어 키가 나무통만큼 자라고 난 다음부터는 난쟁이를 만드는 통이 제 역할을 하게 됩니다.

세상에 정말 난쟁이를 만드는 통이 있을까요? 실제로 있습니다. 바로 우리의 학교가 난쟁이를 만드는 작은 통이 되어 있죠.

우리의 학교 교육이 난쟁이를 만드는 작은 통이 되어 가고 있다는 경고가 본격적으로 나오기 시작한 것은 10년도 훨씬 전의 일입니다. 주로 기업 쪽에서 먼저 나오기 시작했지요. 최근에 나온 경고를 하나 살펴볼까요?

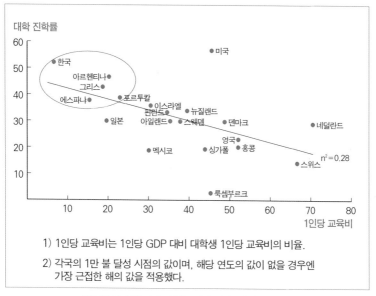

1) 1인당 교육비는 1인당 GDP 대비 대학생 1인당 교육비의 비율.
2) 각국의 1만 불 달성 시점의 값이며, 해당 연도의 값이 없을 경우엔
   가장 근접한 해의 값을 적용했다.

〈한국의 2만 불 시대 달성을 위한 전략, 대외 경제 정책 연구원, 2004〉

　위의 도표는 세계에서 국민 소득이 1만 불에 도달했던 47개국을 대상으로 작성한 것입니다. 국민 소득 1만 불은 대체로 그 사회가 양적 성장을 넘어서 질적 성장으로 나아갈 수 있느냐 없느냐를 판가름하는 분기점으로 평가됩니다.

　도표에서 왼쪽의 위편에 몰려 있는 나라들의 이름을 살펴봅시다. 아르헨티나, 에스파냐, 포르투갈, 그리스 등, 한결같이 국민 소득 1만 불 시점에서 양적 성장을 넘어선 뒤 질적 성장으로 나가지 못하고 주저앉은 나라들입니다.

　아르헨티나는 후퇴한 경우이고, 에스파냐와 포르투갈, 그리스 등

은 정체된 경우이지요.

이 나라들의 대학 교육이 국민 소득 1만 불 시점에서 보인 특징이 무엇입니까? 도표에서 위쪽으로 뻗은 축이 대학 진학률입니다. 이 나라들은 대학 진학률이 40%대로, 30%대인 다른 나라들에 비해 상당히 높은 편입니다.

도표에서 옆으로 뻗은 축은 대학생 1인당 교육비입니다. 이 나라들은 다른 나라들에 비해 1인당 교육비가 아주 낮지요. 대학 진학률은 대단히 높은데, 대학생 1인당 교육비는 대단히 낮은 것이 특징입니다. 즉 대학 교육이 양적으로만 팽창하고 질적으로는 대단히 낮은 것이지요.

이 도표는 다른 나라들의 경험을 통해 교육의 질이 그 사회의 질적 전환의 성공 여부를 좌우한다는 사실을 보여 주고 있습니다. 그러면 우리 나라는 어떨까요? 대학 진학률이 50%대로 아르헨티나나 에스파냐, 포르투갈, 그리스 등보다 훨씬 더 높습니다.

그런데 대학생 1인당 교육비는 그 나라들보다도 훨씬 낮지요. 즉 국민 소득 1만 불 시점에서 질적 전환에 실패한 다른 나라들보다도 대학 교육의 질이 낮은 셈입니다.

앞의 도표는 학교 교육이 지금 상태대로 변함없이 간다면, 우리 나라는 질적 전환에 실패하고 아르헨티나나 에스파냐처럼 후퇴 내지 정체할 수밖에 없음을 말해 주고 있습니다. 우리의 현행 학교 교육이 우리 사회와 아이들을 난쟁이로 만드는 작은 통임을 여실히 보여 주고 있지요?

)콩나물시루가 왜 난쟁이 통이 되었을까? (

그렇다고 해서 우리의 학교 교육이 원래부터 난쟁이를 만드는 작은 통이었다고 하는 건 너무 억울한 일이겠지요? 그렇습니다. 1970년대까지는 우리의 학교 교육이 적어도 난쟁이를 만드는 작은 통은 아니었습니다.

1970년대까지의 우리의 학교 교육은 난쟁이를 만드는 작은 통이라기보다는 콩나물시루라고 하는 편이 훨씬 더 정확하겠지요. 1960~70년대는 우리 사회에서 급속한 산업화가 진행되던 시기였습니다. 특히 1970년대에 들어서면서 제철과 조선, 자동차 산업 등을 중심으로 하는 중공업화가 급속도로 진전되었습니다.

컨베이어 벨트가 돌아가는 대규모 공장들이 속속 건설되고, 그 컨베이어 벨트에서 일할 숙련된 대규모 인력이 필요했습니다. 컨베이어 벨트에서 일하는 사람은 규격화된 일을 빈틈없이 반복적으로 하는 사람입니다. 그러니까 이 사람에겐 창의력이 그렇게 필요하진 않았지요. 창의력보다는 규격화된 지식과 규율을 익히는 게 필요했습니다.

우리의 학교 교육은 이 규격화된 지식과 규율을 익힌 인력을 대규모로 육성해 내는 양적 팽창에 초점이 놓여 있었습니다. 이것은 대학도 마찬가지였지요.

앞에서 말했듯이, 우리의 대학은 지식을 생산하는 단위라기보다는 서구에서 생산된 지식을 수입·가공하는 역할을 했습니다. 지식을 생산하는 단위라면 소수 정예화가 필요하지만, 그게 아니라면 고급 인력을 양산해 내는 체제 이상이 아니게 됩니다. 그러니까 콩나물시루라고 할 만하죠.

콩나물시루는 많은 콩들에게 속성으로 뿌리를 내리게 하고 떡잎을 내게 하지요. 하지만 콩나물시루가 지적 자생력을 갖는 콩 줄기를 키워 내지는 못합니다. 우리의 학교 교육은 급속한 산업화가 진전되는 1960~70년대까지는 필요한 인력을 속성으로 양성해 내는 긍정적 역할을 한 측면이 있습니다.

하지만 그와 함께 지적 자생력이라는 교육의 질에서는 회복하기 어려운 허약함을 키워 왔던 거지요. 이 허약함이 사회·경제적으로 급격한 변화가 이루어지고 있는 지금에 와서는 커다란 장애로 작용하고 있습니다. 우리의 학교 교육이 난쟁이를 만드는 작은 통이 되어 가고 있는 겁니다.

변화된 지금의 사회를 일컬을 때, 흔히 지식 기반 사회라는 말을 씁니다. 창의적인 지식, 즉 새로운 지식을 생산해 내는 능력이 가장 큰 힘이 되는 사회라는 뜻이겠지요. 이러한 지식 기반 사회에 우리의 학교 교육 체계가 전혀 맞지 않는다는 것은 물어 볼 필요도 없습니다.

지식의 생산이 가장 큰 힘이 되는 사회에서 한국의 학교가 줄곧 서구에서 생산된 지식을 수입하고 소비하는 단위로만 머물러 있다는 건, 축구 경기에서 연속으로 자살골만 넣고 있는 것이나 다름없으니까요.

한국의 대학들이 서구 지식의 수입 가공 단위에서 지식의 생산 단위로 질적 전환을 이루어 내느냐 이루어 내지 못하느냐는 단순히 학교 교육의 문제만은 아닙니다.

앞의 도표에서 보았듯이 그것은 우리 사회 전체의 명운이 걸린 문제입니다. 대학 교육의 질이 높아지지 않으면 한국 사회는 아르헨티나나 에스파냐처럼 주저앉아 버릴 수도 있습니다.

)신분 상승의 외줄 사다리(

몇 달 전 재벌 그룹의 교육 부문을 책임지고 있는 대표를 만났습니다. 그 양반이 다음과 같은 이야기를 했습니다. 모 재벌 그룹에서 미국에 현지 법인을 만들었다고 합니다. 처음에는 한국에서 대학을 졸업한 인력들을 많이 배치한다는 방침을 세워서 그렇게 실행을 했습니다. 그런데 도무지 업무의 진전이 없더랍니다.

왜 그런지 원인을 파악해 보았더니, 한국의 대학을 졸업한 인력들은 구체적인 일을 시키면 잘 하는데, 해결해야 할 과제를 찾고 그것을 스스로 해결해 나가는 능력은 몹시 부족하더라는 겁니다.

미국에 있는 법인에 일일이 지시를 내릴 수도 없고, 그렇게 한다고 하더라도 그 비용이 더 들기 때문에 방침을 바꿀 수밖에 없었다고 합니다. 현지 미국인들을 고용하는 방향으로요.

그 양반은 우리 대학 교육의 질이 달라지지 않으면 우리의 기업들도 갈수록 우리 인력을 쓰는 걸 기피하게 될지도 모른다고 했습니다. 청년 실업 문제가 심각하다는 걸 잘 알고 있지만, 외국의 고급 인력이라도 구해 쓰지 않으면 기업의 생존이 어려우니 어쩔 수 없다는 것입니다.

이렇게 이야기하면 성질이 급한 분들은 대학이 기업의 입맛에 맞추어 취직 준비나 시켜야 하는 것이냐고 항의를 할지도 모르겠습니다.

대학 교육의 질을 높인다는 것은 결코 기업의 입맛에 맞는 교육을 하라는 뜻이 아닙니다. 미국의 대학 졸업자들은 왜 스스로 과제를 찾고 또 그것을 스스로 해결해 나가는 능력이 한국의 대학 졸업자들보다 뛰어난 걸까요?

미국의 대학이 기업의 입맛에 맞는 취직 준비를 잘 시켜서인가요? 결코 그렇지 않습니다. 대학 교육의 질을 높인다는 것은 지식의 성격을 창조적인 방향으로 바꾼다는 것을 의미합니다. 앞에서 들었던 예를 다시 한 번 들어 볼까요?

명호는 초등학교 5학년입니다. 누군가에게 컴퓨터를 배운 적이 없는데도 아주 잘 다룹니다. 부모님이 컴퓨터를 다룰 줄 몰라서 도와 줄 수 없으니, 혼자서 수차례의 시행 착오를 겪어 가며 필요한 것들을 찾아 익힌 것입니다.

그런데 이제 초등학교 1학년인 명수는 다릅니다. 컴퓨터로 게임을 하다가 모르는 게 생기면 일일이 명호에게 물어 봅니다. 명호는 그 때마다 친절하게 일러주었는데, 시간이 꽤 많이 지난 뒤에도 명수는 계속해서 명호에게 물으러 오곤 합니다.

어느 날, 명호는 몹시 화가 나서 아빠에게 동생에 대한 불만을 털어놓았습니다.

"명수는 컴퓨터에 대해서 아무것도 배우려 하질 않아요. 모르는 게 있을 때마다 스스로 해결하려 하지 않고 찾아와서 귀찮게 물어 봐요."

현재, 대학을 포함한 우리 나라의 학교 교육에서 다루어지는 지식의 성격은 동생 명수가 얻은 컴퓨터 지식과 같습니다. 필요한 단순 지식을 많이 습득하긴 하는데, 스스로 해결해야 할 과제를 찾아내고 그걸 해결해 나가는 능력을 배우지는 못합니다. 이런 교육을 받은 사람은 일일이 지시하지 않으면 업무를 잘 수행하지 못합니다.

학교 교육의 질을 높여야 한다는 것은 학교에서 다루는 지식의 성격이 명호가 익힌 컴퓨터 능력의 성격으로 바뀌어야 한다는 것이지요. 명호는 혼자서 컴퓨터를 익히는 동안 스스로 해결해야 할 과제를 설정하고, 그 과제를 스스로 해결해 가는 능력 자체를 길렀습니다.

학교 교육을 통해 이러한 능력을 기른 사람은 일일이 지시를 받지 않아도 스스로 업무를 처리해 나가는 능력을 발휘할 수 있을 것입니다.

지금의 학교 교육이 난쟁이를 만드는 작은 통이 되어 있다는 것은, 아이들의 입장에서 볼 때 더욱더 극명하게 드러납니다. 앞에서도 말했듯이, 요즘의 아이들은 마니아적 성격이 자못 강합니다. 그렇기 때문에 학교 교육에 대한 요구가 우리 세대와는 아주 많이 다릅니다.

우리 세대의 학교 교육에 대한 요구는 학교 교육에서의 성공을 통해 사회 · 경제적 신분 상승을 이루는 것이었습니다. 그래서 원하는 직업도 사회 · 경제적 권력과 관련되는 판사나 검사, 고급 공무원, 전문 경영인, 의사 등으로 단조로웠지요.

요즘 아이들의 학교 교육에 대한 요구는 '하고 싶은 일을 하면서 살 수 있도록 학교가 도와 주었으면 좋겠다.'는 것입니다. 원하는 직업도 매우 다양하고 구체적입니다.

이렇게 급격히 변화하는 아이들에게 지금의 학교 교육은 난쟁이를 만드는 작은 통일 수밖에 없습니다. 우리의 학교 교육은 여전히 사회 · 경제적 신분 상승의 외줄 사다리에서 벗어나 있지를 않으니까요.

다양한 요구를 가지고 다양한 미래를 꿈꾸는 아이들에게 똑같은 교과서의 내용을 똑같은 방식으로 공부한 뒤, 똑같은 기준으로 평가받을 것을 강요합니다. 그리고 자기 적성이나 진로, 희망과는 무관하게 수능 성적에 맞는 대학의 학과에 진학하게 합니다.

그 때문에 대학에 진학한 이후에 방황하는 청년들이 굉장히 많습니다.

(단위 %)

		매우 불일치	약간 불일치	그런대로 일치	매우 일치
고교 이하		50.6	18.3	24.2	6.9
고졸	인문계	58.9	19.2	17.1	4.7
	실업계	47.6	18.6	31.1	8.8
전문대 졸		33.3	15.8	26.7	24.1
대졸		25.4	15.0	27.9	31.6
전체		40.5	16.8	25.8	16.9

〈경제 활동 인구 조사 청년층 부가 조사, 2003년 5월 통계청〉

전공과 일자리가 일치한다고 대답한 비율은 42.7%에 불과합니다. 일치하지 않는다고 대답한 비율은 57.3%에 달하구요. 그래도 대학에서나마 진로를 바꾸는 청년들은 용기가 있는 편이지요.

좀 늦게라도 자기가 희망하는 진로를 찾아가려고 하니까 말입니다. 훨씬 더 많은 청년들은 아무런 흥미도 없는 전공 분야를 건성으로 이수하고 사회에 나가고 있습니다. 그런 식으로 사회에 배출된 청년들이 능동적으로 자기 과제를 찾고 스스로 해결해 나가리라고 기대하는 건 무리겠지요.

우리 나라 대학을 나온 청년들이 능동적이고 창의적인 업무를 수행하는 능력이 다소 떨어진다고 합니다. 그런데 그것은 결단코 우리 나라 청년들의 자질이 부족해서가 아닙니다. 우리의 학교 교육이 그들을 난쟁이로 만들고 있기 때문이지요.

) 서구의 마법사들이 봉인을 풀다 (

학교 교육이 난쟁이를 만드는 작은 통이 되어 버려서 겪는 곤란함은, 우리 나라만의 문제가 아니라 세계 전체의 문제였던 모양입니다.

1990년대 초, 세계 마법사들의 대표자들이 모인 OECD에서 고민에 고민을 거듭한 결과, 지식 기반 사회에 맞게 학교 교육을 다시 짜야 한다는 권고안을 세계 각국으로 보냈습니다.

이제까지 근대 학교 교육에 걸려 있던 마법의 봉인을 푼 것이지요. 그 후 10년 가까이 세계 여러 나라들은 이 권고안에 따라 학교 교육에 걸려 있는 마법의 봉인을 풀려고 애를 썼지요. 그 대표적인 예로 미국 클린턴 행정부의 교육 개혁을 들어 보겠습니다.

1993년 미국 교육부는 지금의 학생들이 성인이 될 21세기에는 현재 직업의 60%가 소멸되고, 60%의 직업이 새로 창출될 것이라고 내다보았다. 또한 1992~2000년 사이에 새로이 창출될 직업 중 89%가 대학 수준의 문장력과 수학적 능력을 요구할 것이라고 보고하였다. 그러나 현재 미국의 현황은 이를 전혀 대비하지 못하고 있다고 지적하였다.

〈미국의 선택 : 고급 기술인가, 아니면 저임금인가?〉라는 국가 보고서에는 미국의 노동력과 미국의 선택이 교육에 있다는 것을 경고하고, 교육 시스템의 붕괴에 대해 충격적인 분석을 내놓았다.

이에 클린턴 행정부는 우선 학생들이 자신의 진로 희망을 학습의 동기로 삼지 못함을 지적한 뒤, 학교 교육과 진로 교육의 연계를 강화하는 STW(School To Work, 학교에서 직업으로의 이행을 돕는) 정책을 8년 간에 걸쳐 진행하였다.

이의 실행을 위해 클린턴 행정부는 1994년 'School-To-Work Opportunities Act'라는 법령을 제정하고, 미국 전 사회의 역량을 동원하는 교육 개혁의 근거를 마련하여 일관성 있게 추진하였다. 이에 대한 평가는 매우 긍정적이었으며, 클린턴과 힐러리의 회고록에도 많은 페이지에 걸쳐 언급되어 있다.

우리 나라의 경우도 1994년 김영삼 정부 아래서 교육 개혁 위원회가 구성되어 5·31 교육 개혁안을 발표했습니다. 그 기본 골격은 대체로 OECD의 권고안을 따라 지식 기반 사회에 맞는 새로운 교육 체계를 구성하려 한 것입니다. 그 핵심은 교육 과정 개편에 있었는데 아이들의 다양성을 살려 주는 특기 적성 교육, 학교별 재량 학습, 수준별 심화 보충 학습, 고등학교 2~3학년 과정에서 진로에 따른 선택 교과 과정 도입 등이 주축을 이루었습니다.

김대중 정부에 들어서서도 5·31 교육 개혁안을 정착시키기 위해 '새교육 공동체 위원회'를 구성하였습니다. '새 학교 문화 창조'를 슬로건으로 내건 뒤, 학교 운영 위원회 제도를 도입하는 등 여러 가지 노력을 기울였습니다.

그 결과가 실패라는 것은 여러분들이 더 잘 알고 있겠지요. 초등학교 때부터 아이들은 학원에서 학원으로 전전하느라 여념이 없습니다. 담임 교사들이 방과 후에 아이들을 남겨서 환경 미화든 특별 활동이든 무언가를 함께 해 본다는 건 생각조차 하기가 어렵지요. 모두들 학원 시간에 맞춰서 가기 바쁘니까요.

심지어는 청소도 어머니들이 대신 하러 오는 웃지 못할 일이 벌어지곤 합니다. 청소 당번인 아이들을 청소시켜 놓고 검사하러 가 보면 어머니가 와서 청소를 하고 있습니다. 웬일이냐고 물으면, 아이가 학원에 늦을 것 같아서 청소를 대신 하러 왔다나요?

이렇게 만사 제쳐놓고 다니는 학원들이 아이들의 다양한 관심과 요구를 제대로 살려 주기라도 한다면 그나마 괜찮겠는데……. 대부분은 대학 입시를 미리미리 준비하기 위한 것들에 불과하지요. 중학교 영어·수학은 초등학교 때, 고등학교 영어·수학은 중학교 때 하고 있는 경우가 허다하잖아요.

성적을 올려 줄 만한 학원이 없는 지방의 소도시들에서는 학교의 보충 자율 학습이 학원의 역할을 대신합니다. 이름은 바뀌었지만요. 특기 적성 수업이라나. 말만 그럴듯할 뿐, 아이들에겐 나날이 보충 학습 시간이 늘어날 뿐이지요. 개혁이 되기는커녕 거꾸로 가도 한참 거꾸로 가고 있는 중입니다.

서구 마법의 대표자들이 모인 OECD에서 근대 학교 교육에 걸려 있는 마법의 봉인을 풀었는데도 불구하고, 왜 우리 나라의 학교 교육은 획일성을 벗어나지 못하고 있는 걸까요? 마법이 풀리기는 고사하고 더욱더 깊이 획일성의 마법에 빠져들고 있는 듯합니다.

영국 사람들은 이 황당한 현상이 무척 신기했던 모양입니다. 급기야 TV에서 우리 나라의 입시 교육을 집중적으로 다루기까지 하였습니다. 〈세상에 이런 일이〉나 〈믿거나 말거나〉와 같은 성격의 프로그램에서 말이지요.

OECD에 모인 서구 마법의 대표자들도 우리 나라 학교 교육에 대해 당황스럽기는 마찬가지였던 모양입니다. 아무리 마법을 푸는 주문을 외워도 마법이 풀리지 않고 거꾸로 더 단단히 걸리니 당황할 만도 하지요.

그래서 2000년에는 경고성이 담긴 학교 교육 재구조화에 대한 권고안을 다시 내놓았습니다. 이 권고안에서는 이후 각국의 학교 교육이 나갈 수 있는 유형을 크게는 세 가지, 작게는 여섯 가지로 제시를 하였습니다. OECD가 제시한 여섯 가지 시나리오는 다음과 같습니다.

1. 현행 유지 시도

    1-1 관료적인 학교 체제의 유지—변화의 거부와 획일성 지속

    1-2 교사들의 탈출로 학교 붕괴—교사의 부족에서 기인

2. 학교의 재편

    2-1 핵심적인 사회적 기관으로서의 학교—종합적 사회 통합 기관으로 학교 기능의 확대

    2-2 집중된 학습 조직으로서의 학교—평생 학습의 다양한 기능 수행

3. 학교의 해체

3-1 학습 네트워크와 네트워크 사회—학교의 독점이 없어지고 다양한
　　학습망과 사회화망 등장

3-2 시장 모델의 확대—시장 기제에 따라 다양한 교육 기회가 제공되나
　　불평등이 심화

우리의 학교 교육은 어느 유형에 속할 것 같습니까? 물론 '1-1
경직된 관료 체계가 유지되어 학교 교육이 획일성을 벗어나지 못
하는 유형'에 속합니다. 이렇게 되면 학교 교육이 우리 사회가 발
전하지 못하도록 발목을 잡게 되고, 우리 사회는 질적 전환에 실패
하여 주저앉게 되겠지요.

또 다른 가능성이 있다면 획일적 학교 교육이 지속되다가 강한
저항에 부딪혀 해체되는 경우를 생각해 볼 수 있겠지요. 그런 경우
에는 '3-2 시장 기제에 따라 다양한 교육 기회가 제공되나 불평등
이 심화되는 유형'으로 갈 가능성이 매우 큽니다.

우리 사회에서 교육 네트워크를 형성하는 데 있어 자본력에서나
내용에서나 대기업을 따라갈 세력이 없지요. 지식 기반 사회인 만
큼 대기업들이 교육 시장에 관심을 많이 가지고 있습니다. 실제로
교육에 대한 규제가 풀리는 경우를 대비해, 대기업들이 교육 시장
을 장악하려는 조짐을 심심치 않게 내비치고 있습니다.

둘 중의 어느 것이든 끔찍한 시나리오임이 틀림없습니다. 그러
면 이 끔찍한 결과가 뻔히 눈에 보이는데도 왜 우리의 학교 교육은

그 길로 가고 있는 것일까요? 우리의 학교 교육은 왜 마법의 봉인이 뜯겼는데도 획일성의 마법에서 벗어나기는커녕 더욱더 깊이 빠져들고 있는 것일까요? 혹시 우리가 모르는 사이에 획일성의 마법을 수호하려는 자생적 마법사들이 대거 생겨나서 맹렬한 활동을 펼치고 있는 건 아닐까요?

)꺼져 가는 불을 지키는 자생적 마법사들(

얼마 전 교과서, 즉 교육 과정 개혁 문제를 가지고 정책 담당자들과 토론을 한 적이 있었습니다. 우리가 내놓은 안은 급격한 현실의 변화에 비추어 봤을 때, 개혁안이라는 이름을 붙이기도 뭐할 만큼 상식 수준에 머무는 것이었지요.

국가가 발행자가 되는 국정 교과서는 시대에 너무 뒤떨어졌으니 검인정으로 바꾸자, 교과별 교육 과정이나 집필 지침이 너무 세세해서 검인정 교과서가 15종이 나오더라도 내용이 똑같아져 버린다, 다양한 교과서가 나올 수 있도록 교과별 교육 과정과 집필 지침을 대강화하자, 교육 과정에서 진로 개념을 좀더 전폭적으로 도입하자, 뭐 이런 내용이었습니다.

담당자는 대뜸 영국의 대처 수상이 우리 나라를 방문했을 때의 이야기를 꺼냈습니다. 대처 수상이 우리 나라의 교육을 배우러 왔었다는 것입니다. 그 당시 교육부를 방문해서 많은 시간을 보낸 후,

우리의 교과서와 교육 과정에 관한 자료를 가져갔다고 하더군요.

당신들은 우리의 교과서 제도나 교육 과정이 획일적이라고 비판만 하지만, 선진국들은 오히려 우리 나라의 교육을 배우러 온다는 것입니다. 그리고 우리의 학교 교육이 그간의 경제 발전에 매우 효율적으로 기여한 점을 높이 평가한다나요?

우리는 잠시 멍해졌습니다. 학교 현장에서 아이들과 늘 부딪쳐 온 입장에서는 현실과 지나치게 동떨어진 이야기라서, 마치 판타지의 세계에 들어간 것과 같은 착각에 빠져들었습니다. 누구나 느끼고 있는 현실의 변화나 우리가 알고 있는 세계 각국의 교육 개혁 관련 정보에 비추어 볼 때도 너무나 엉뚱한 이야기였지요.

그 회의실의 타원형 탁자와 의자가 주는 어두컴컴한 분위기, 그리고 그 머리가 허연 교육부 담당자의 분위기라니. 꼭 마법 학교 교장 선생님 앞에 앉아 있는 듯한 착각이 들기에 알맞았습니다.

우리는 잠시 마법 학교 교장 선생님의 주문에 걸려 아무 말도 할 수가 없었습니다. 잠시 후, 주문의 효력이 떨어졌는지 봇물처럼 말이 쏟아져 나오기 시작했습니다.

"정말 대처 수상이 우리 나라의 교육을 배우러 왔다고 생각하느냐?"로부터 시작해서, 영국 TV 〈믿거나 말거나〉 프로그램에서 우리 나라 입시 교육이 다루어진 걸 아느냐, 영국은 교과서 자유 발행제로 국가 교육 과정 대신 국가 수준의 느슨한 지침이 있을 뿐이다. 그래서 교사가 교과서를 쓰지 않아도 된다는 사실을 아느냐, 요즘 아이들이 어떻게 변화해 있는지, 도대체 학교 수업이 어떻게 진행되고 있는지 아느냐, 등등.

하지만 아무 소용이 없었습니다. 그 담당자는 글자 한 자 틀리지 않게 똑같은 얘기를 되풀이했습니다. 마치 녹음기를 앞에 두고 이야기하는 것 같았습니다. 처음에는 그냥 한번 우겨 보는 거겠지, 했는데 그게 아니었습니다. 그 사람의 이야기는 구시대 교육의 꺼져 가는 불을 지키려는 엄숙한 주문과도 같이 진중하게 되풀이되었습니다.

이야기를 마치고 나오면서 "야, 큰일났다!" 싶었지요. 그 교육부 담당자와 같은 사람이 어디 한둘이겠습니까?

) 선진국에서 우리 교육을 배워 간다구요?(

우리 나라 교원 인사 제도는 점수제로 되어 있습니다. 이 점수는 아이들을 잘 가르치거나 아이들의 인성 지도 및 생활 지도를 잘 해서 딸 수 있는 게 아닙니다. 그런 일에 열심인 교사는 오히려 진급을 못 하게 되어 있지요. 외부 연수나 전시 행정형 시범 교육 활동, 행정 경력, 벽지 학교의 가산점 등이 점수가 되고, 교장 선생님이 주는 평점이 진급에 결정적인 역할을 하니까요.

그래서 진급에 열심인 교사들은 정작 아이들의 수업이나 생활 지도는 뒷전이지요. 외부 연수에도 쫓아다녀야 하고, 실제 수업과는 상관 없이 보여 주기 위한 시범 교육 활동을 해야 하며, 행정 경

력을 쌓는 데 매달려야 합니다. 물론 좋은 평점을 받기 위해선 교
장 선생님에게 절대 복종해야 하구요.

벽지 학교 근무 가산점 제도가 도입되면서 웃지 못할 일이 벌어
지기도 했습니다. 제자 성추행으로 물의를 일으켜서 벽지 학교로
쫓겨가 있던 교사들이 가산점을 많이 받아 졸지에 고속 승진을 하
게 된 것입니다. 그래서 어느 지역에 가면 그러한 물의로 손가락질
을 받던 사람들이 교장 선생님으로 올라와 있는 경우가 많습니다.

관료들은 그러한 유의 비행에 대해서는 매우 관대합니다. 그리
고 그런 사람일수록 상급자에게 순종적이기 때문에 진급이 빠르지
요. 하지만 교육적 주관을 가지고 교장 선생님과 부딪치는 교사한
테는 몹시 가혹합니다.

그렇기 때문에 교사들은 삼십대 중반 정도가 되면 선택의 기로
에 놓입니다. 평생 평교사로 남을 각오를 하고 자기 주관대로 살
것인지, 아니면 진급을 위해서 주관을 굽히고 적당히 적응해서 살
것인지를 선택해야 하니까요.

물론 예외적으로 훌륭한 교장 선생님도 있지만요. 이러한 제도
와 풍토 속에서 교장 선생님이 존경의 대상이 된다거나 지도력을
가진다는 것은 거의 불가능한 일이라 생각됩니다.

위와 같은 교원 인사 제도는 진급이라는 이해 관계를 가운데에
둔 채 인맥을 형성시켜 왔습니다. 이 인맥은 일제 시대 때부터 단
한 번의 단절도 없이 면면히 이어져 내려왔습니다. 이렇게 형성된
관료 체제는 일제 시대와 독재 정권의 지침에 충실히 따르는 상명

하복의 질서를 생명으로 해 왔습니다. 즉 그 하향식의 질서에 기득권을 가지고 있는 것이지요.

지금 현실의 변화가 요구하고 있는 교육 개혁의 우선적 대상은 OECD의 여섯 가지 시나리오나 각국의 교육 개혁 프로그램에서도 엿보이듯이 이 하향식의 획일적 관료 체제입니다.

그렇기 때문에 교육 관료들은 오늘날의 교육 개혁에 대해 알레르기 반응을 보일 수밖에 없습니다. 위에서 이야기한 교육부 담당자의 말도 교육 개혁에 대한 관료들의 입장을 정확하게 대변하고 있는 것이거든요.

그 논지를 분석해 보면 다음과 같습니다.

첫째, 국가가 독점하고 있는 교과서와 교육 과정 제도를 비롯한 우리의 학교 교육 제도는 그간 급속한 경제 발전의 밑거름이 되어 왔다. 현행의 학교 교육 제도가 과거에 이룬 업적을 강조한다. (이 논지는 부분적으로 인정할 수 있다. 그러나 획일적 학교 교육이 일제와 독재에 어떻게 정치적으로 봉사했는지, 그리고 아이들을 어떻게 차별화하고 아이들의 다양한 재능을 어떻게 죽였는지에 대한 비판적 평가와 반성이 있어야 한다.)

둘째, 외국에서도 우리 나라 학교 교육의 효율성을 인정하고 국가 중심의 교육 체제를 배워 가려 한다고 주장함으로써, 현재까지 유지되고 있는 획일적 학교 교육 제도의 우수성과 미래적 효용성을 주장한다. (현재 세계 각국에서 이루어지고 있는 교육 개혁의 최우선적 과제가 획일적 관료 체제의 개혁을 통한 획일성의 탈피에 있음을 의도적으로 간과하는 것이다. 그간 자유 방임형의 교육 체제를 가지고 있던 나라에서 교육의 질 관리를 위해 부분적으로 도입하는 현상을 왜곡하고 과장해서 논거로 내세우면서. 가령, 영국 대처 수상의 방문을 아전인수 격으로 왜곡하여 논거로 삼는 것도 이에 해당한다.)

셋째, 국가 독점 교과서와 교육 과정 제도를 비판적으로만 볼 게 아니라고 하면서, 기존 제도의 기본 틀을 건드리지 말아야 한다고 주장한다. 그리고 기왕의 관료 체제가 수행해 온 일들을 긍정적으로 보고 그 기득권을 인정하라고 요구한다.

교육 개혁을 앞장서 주도해야 할 교육부 담당자의 입에서 위와 같이 자기 기득권 유지를 위한 억지 주장밖에 나오지 않는다는 것은 참 슬픈 일입니다.

그런데 문제는 교육부에서부터 각 시·도 교육청, 시·군·구 교육청, 단위 학교 관리자까지 그와 같은 마법사들로 채워져 있다는 것입니다.

그 괴력을 지닌 어마어마한 숫자의 마법사들이 한결같이 위와 같은 주문을 외우고 있으니 좋은 개혁안이 나올 리가 없습니다. 설령 아주 훌륭한 개혁안을 내놓는다 해도 학교 교육이 변할 리 있겠습니까?

)입시 경쟁의 전리품(

1990년대 이후 우리 나라의 교육을 둘러싼 논쟁을 살펴보면 재미있는 특징이 나타납니다. 어떤 주제가 제시되든 상관 없이, 결국엔 수월성 추구 대 기회 균등의 양자 택일 문제로 수렴되어 버린다는 점입니다. 수월성 추구와 기회 균등은 학교 교육이 지향해야 할 두 가지 목표로 결코 대립적인 것도 양자 택일을 할 수 있는 것도 아닙니다.

재능이 있는데도 불구하고 개인적인 여건 때문에 펼쳐 나가기 어려운 아이들에게 국가가 최대한의 기회를 마련해 준다는 것이 기회 균등의 취지가 아니겠습니까?

그럼으로써 개인과 사회의 역량을 최대화하려는 것이구요. 이 기회 균등의 개념에는 자동적으로 수월성의 개념이 포함되어 있습니다. 저마다 가진 재능을 펼칠 수 있게 한다는 게 수월성을 키워 준다는 것이지 않습니까?

이렇게 상호 보완적인 수월성과 기회 균등의 개념이 상호 불용의 대립적인 개념으로 왜곡되어 있다는 게 1990년대 이후 학교 교육을 둘러싼 논쟁의 큰 특징입니다.

그래서 늘 논쟁이 양자 택일의 문제로 귀착되어 대립적이고도 격렬한 양상을 띠게 되지요. 이 격렬한 대립 때문에 정작 학교는 변화의 동력을 얻지 못하고 제자리 걸음을 하는 일이 반복되어 왔습니다.

이 블랙홀 같은 대립 구도가 나타나기 시작한 것은 아마도 김영삼 정부 때 5·31 교육 개혁안이 던져지고부터가 아닌가 싶습니다. 5·31 교육 개혁안의 중심 문제 의식은 산업 사회로부터 지식 기반 사회로의 변화에 맞게 학교가 변화해야 한다는 것이었습니다.

획일적인 학교 교육 체제는 산업 사회 인력 양성에는 맞지만, 창의적 능력을 지닌 인재 양성을 요구하는 지식 기반 사회에는 맞지 않는다는 것이지요. 그래서 아이들의 다양한 특성을 살려 주고 수준 차이를 고려한 교수-학습이 이루어져야 한다는 취지 아래 제7차 교육 과정안을 내놓았습니다. 5·31 교육 개혁안은 구체적으로는 많은 문제점을 안고 있었지만, 우리 교육에 관해 문제 의식을 가졌다는 점에서 나름대로 정당하고 또 의미가 있었습니다.

그런데 5·31 교육 개혁안이 던져지자 그 안의 중심 문제 의식과는 상관 없는 격렬한 논쟁이 일어나기 시작했습니다. 한쪽에서는 5·31 교육 개혁안이 학교를 느슨하게 만들어 아이들의 학력을 떨어뜨릴 수밖에 없다는 비판을 제기했습니다.

아이들의 수월성을 키워 주기 위해 특수 목적 고등학교를 만들고, 자립형 사립 고등학교를 허용해야 한다고 주장하기도 했지요. 그리고 평준화 해제 주장도 슬그머니 고개를 들고 나왔습니다.

다른 쪽에서는 5·31 교육 개혁안이 사실상 학교 교육에 시장 논리를 도입함으로써 결국 공교육을 해체해 가는 안이기 때문에 학부모의 부담이 커지고 교육의 불평등이 심화될 수밖에 없다고 비판했습니다.

이 수월성 추구 대 교육의 기회 균등 보장 사이의 논쟁은 사안이 특수 목적 고등학교, 자립형 사립 고등학교, 평준화 등의 문제로 좁혀지면서 매우 격렬해졌습니다. 이 격렬한 논쟁의 와중에서 지식 기반 사회에 맞게 학교 교육을 다양화한다는 개혁안의 중심 취지는 관심 밖으로 밀려나 동력을 얻을 수 없었습니다.

그 결과는 개혁의 좌절과 학교 교육의 악화였습니다. 논쟁이 진행되는 가운데 자립형 사립 고등학교는 저항이 커서 극히 부분적으로 허용이 되었습니다. 지역에 따라 평준화도 부분적으로 해제되기도 하고, 그 확대 시행이 보류되기도 했습니다. 그리고 특수 목적 고등학교들이 생겨났지요.

이 전리품들은 학교 교육을 획일적 입시 경쟁에 묶어 놓는 데 한몫을 했습니다. 그리고 학교 교육을 아이들에게 맞도록 다양화하겠다는 제7차 교육 과정은 학교 현장의 조건과 괴리돼 있다는 데 문제점이 있었습니다.

거기에다 논쟁이 격렬해지면서 현장 실천의 동력을 얻을 수 없었기 때문에 허구화되었으며, 학교 현장의 학사 운영을 파행시키는 결과를 가져왔습니다. 제7차 교육 과정이 부분적인 성과라도 거두었다면 대학 입시로부터 거리가 좀 있는 초등학교 정도에서일 겁니다.

위와 같이 수월성 추구 대 기회 균등 추구라는 가짜 대립 구도는 최근의 2008학년도 대학 입시 개혁안에 대한 논쟁에서도 고스란히 반복되어 나타나고 있습니다. 그 자세한 내용은 뒤에 살펴보겠습니다만, 어쨌든 이 가짜 대립 구도가 블랙홀처럼 계속 우리 학교 교육의 발목을 잡는다면, 우리의 학교 교육만이 아니라 우리 사회의 미래가 없다고 할 수 있습니다.

이 격변하는 세계 속에서, 더구나 거대한 중국이 바로 코앞에서 맹렬하게 성장해 오는 조건 속에서 미래의 인재를 양성하는 학교가 개혁은커녕 계속 퇴보만 하고 있다면 우리에게 어떻게 앞날이 있겠습니까? 그러니 블랙홀처럼 모든 개혁을 빨아들여 제로로 만드는 이 가짜 대립 구도가 어디에서 오는 것인지를 꼼꼼하게 살펴보아야 하겠습니다.

)추락에 대한 불안, 중산층(

대개 한 사회에서 학교 교육에 관해 첨예한 이해 관계를 가지는 집단은 중산층입니다. 상류층은 경제 자본이 많기 때문에 자식의 학교 교육에서의 실패가 사회·경제적 지위를 상속시키는 데 큰 영향을 끼치지 않습니다. 하층은 자녀 교육에 투자할 경제적 여력이 부족하고, 따라서 학교 교육을 통한 사회·경제적 신분 상승에 대한 기대도 약합니다.

중산층은 경제적 자본이 제한되어 있기 때문에 그것의 상속을 통해 안정적으로 자신의 지위를 자식에게 물려줄 수가 없습니다. 그렇기 때문에 자녀 교육에 투자함으로써 자신의 지위를 자식에게 물려주려는 경향이 강할 수밖에 없지요.

제한된 경제 자본은 자식이 하루 아침에 날려 버릴 수도 있지만, 학교 교육을 통해 형성된 문화 자본은 한번 습득하면 영원히 사라지지 않으니까 훨씬 더 안정적입니다.

여기에 우리 나라 중산층의 학부모들이 직접적이든 간접적이든 가지고 있는 학교 교육을 통한 사회·경제적 신분 상승의 경험은 이러한 경향을 한층 더 강화시킵니다.

실제로 우리 세대가 성장기에 있던 시기에는 너나없이 가난했죠. 그런데 1960~70년대에 급격한 경제 개발이 이루어지면서 중산층이 형성되기 시작했습니다. 우리들 중의 일부는 학교 교육에서의 성공을 발판으로 중산층에 진입하기도 했습니다.

그러나 1980년대를 지나면서 상황이 달라지기 시작합니다. 중산층이 점점 고착되면서 학교 교육을 통한 신분 상승의 기회는 차츰차츰 적어집니다. 게다가 1990년대 이후로 오면서는 잘사는 사람은 더 잘살고, 못사는 사람은 더 못사는 양극화 현상이 심화됩니다.

이 양극화의 과정에서 중산층의 일부는 몰락해서 아래로 떨어질 수밖에 없습니다. 중산층이 점점 엷어지는 것이지요. 이 때문에 중산층은 전반적으로 추락에 대한 불안감에 시달리고 있습니다.

여기에 그간 사회·정치적 민주화 과정에서 성장한 중간층 상층부가 1990년대 이후 기존 중산층의 강력한 경쟁자로 등장하기 시작했습니다. 노무현 정부의 성립은 중산층에겐 아주 경악할 만한 일이었습니다. 그것은 중간층 상층부가 기존 중산층의 강력한 경쟁자로 등장하는 현상이 공식화·전면화된 것을 의미하니까요.

보수 언론에서는 민주화 과정에서 정치·사회적 상층에 진출하는 이들을 신주류라 부르며, 극도의 경계감을 표시했습니다. 기존 중산층의 불안감과 위기감을 대변한 것이라 할 수 있습니다.

오늘날 우리 사회를 시끄럽게 뒤흔드는 대립적 현상들의 배후에는 이와 같은 사회적 지형이 놓여 있습니다. 이 사회적 지형을 다시 한 번 요약하면 다음과 같습니다.

첫째, 세계적으로 사회·경제적 양극화 현상이 심화되면서 중산층이 엷어질 수밖에 없다. 말하자면 그에 따라 중산층의 일부는 몰락하여 아래로 떨어질 위기에 놓여 있으며, 그에 대한 중산층의 불안감은 대단히 크다. 특히 우리 나라의 경우는 여러 가지 불안 요인이 가중돼 있기 때문에 그 불안감이 훨씬 더 심각하다.

둘째, 여기에 그간의 민주화 과정에서 성장한 중간층 상층부가 정치 사회의 상층에 진출하면서 기존 중산층의 강력한 경쟁자로 등장하고 있다. 이 때문에 중산층은 심각한 위기 의식에 빠져 있고, 이 위기 의식이 중산층을 이전보다 훨씬 더 수구적으로 만들고 있다.

셋째, 위와 같은 격렬한 경쟁 구도 때문에 어떤 개혁안이든 그 대립 구도 속으로 빨려 들어가게 마련이다. 따라서 본래의 취

시는 퇴색해 버리고 이해 관계에 따른 양자 택일의 문제로
되어 버리기 십상이다.

학교 교육 역시 위와 같은 사회적 지형에 지배되고 있음은 물론
입니다. 중산층은 입으로야 어떻게 말하든 지금 학교 교육의 기본
틀이 바뀌는 걸 결코 바라지 않습니다. 점수에 따라 학교가 서열화
되어 있는 지금의 학교 교육 체계는 추락의 불안감에 시달리는 중
산층에게는 가장 유력한 자기 방어 수단일 수 있습니다.

고등학교 졸업 시점을 기준으로 일정 수준의 교과 점수를 따면
일류 대학에 진학할 수 있고, 그것이 자식에게 어느 정도 중산층의
삶을 보장할 수 있다면 그것만큼 안심되는 방어 수단이 어디 있겠
습니까?

밑에서 따라올 수 없는 사교육비 투자를 통해 무슨 수를 쓰든 필
요한 점수를 만들어 내는 겁니다. 초등학교 때 중학교 영어 · 수학
을 시키고, 중학교 때 고등학교 영어 · 수학을 시키고, 고등학교 때
영어 · 수학 이외의 과목 점수를 높이는 식으로 말입니다.

만약에 모든 아이를 한 줄로 세우는 점수가 아니라 아이들의 다
양한 특기 적성에 따라 대학 신입생 선발이 이루어진다면, 그래서
대학의 서열 체계가 흔들려 버린다면 중산층에겐 재앙이나 다름이
없을 겁니다. 가장 강력한 자기 방어 수단을 잃어버리는 셈이니까
요. 아무런 무기도 들지 않은 채 긴 칼을 든 상대방과 싸우는 기분
이 들 겁니다.

그래서 교육 개혁안이 나오면 중산층은 교육의 수월성을 해친다고 반대를 합니다. 이 때의 교육적 수월성이란 물론 획일적 점수 따기 경쟁을 통해 점수를 높이는 걸 의미하지요.

그러면 중산층과 경쟁하는 중간층 상층부는 어떨까요? 정말 문제는 이들이 학교 교육을 생각하는 것 역시 중산층의 생각보다 크게 낫지 않다는 데 있습니다. 이들 역시 말이야 어떻게 하든 실질적으론 학교 교육을 신분 상승의 사다리로 보는 점에서는 중산층과 별반 다르지 않습니다.

다른 점이 있다면 중산층의 경우는 기득권을 지키고자 하는 방어적 입장에 있고, 이들은 그 기득권의 벽을 뚫고 올라가려는 공격적 입장에 있다는 점입니다.

이들은 기득권의 벽을 약화시키기 위해 현재 학교 교육이라는 신분 상승의 사다리가 불공평하다는 점을 강조합니다. 그래서 사교육비 투여가 학교 교육 성패의 결과를 좌우하는 불평등 구조를 해소하기 위해 대학 평준화와 같이 평등을 극단적으로 강조하는 안을 내놓습니다.

이 안에는 우리 사회의 명운을 좌우하는 대학 교육의 질을 높이는 문제나 학교 교육이 아이들의 변화를 어떻게 살려 주어야 하는가에 대한 고민이 빠져 있습니다. 방향이 다르지만 이해 관계로 얽혀 있다는 점에서는 중산층과 별로 다를 게 없습니다.

결국 위와 같은 이해 관계의 시배 때문에 어떤 교육 개혁안이 나오든 본래의 취지는 사라지고, 수월성 추구나 기회 균등의 보장이냐 하는 가짜 대립과 가짜 논쟁만이 남습니다.

그 가짜 논쟁의 밑바닥에는 학교 교육을 자기 방어 수단으로 유지하고 강화하려는 중산층의 이해 관계와 학교 교육을 신분 상승의 수단으로 가져가려는 중간층 상층부의 이해 관계 대립이 있을 뿐이지요.

21세기 지식 기반 사회에서는 단순히 시험 성적이 높은 학생보다는 다양한 특기와 창의력, 리더십, 봉사성 등을 갖춘 인재를 요구하고 있습니다. 수능과 같은 획일적인 시험 제도를 중심으로 대학의 신입생들을 선발해 나가다간, 지식 기반 사회가 요구하는 우수성을 키워 줄 수가 없으므로 학교 교육이 시대에 뒤떨어질 수밖에 없습니다. 결국 그것은 우리 나라 전체의 낙후로 이어질 가능성이 높습니다.

제 4 장

입시
검투사가
된
아이들

)입시 원형 경기장에 관한 폐쇄론(

로마에 원형 경기장이 있지요? 로마 시민들은 그 곳에서 검투사들의 결투를 관람했습니다. 검투사들은 싸우고 싶어 싸우는 것이 아닙니다. 그냥 살아 남기 위해 전력을 다해 싸우는 것뿐이지요.

일류 대학에의 입학을 목표로 하여 밤늦게까지 학원을 전전하는 아이들을 보면, 가끔 이 검투사처럼 보일 때가 있습니다. 아이들은 다른 사람들을 이기기 위해, 그리고 살아 남기 위해 공부를 합니다. 자기가 살아가면서 하고 싶은 일과는 거의 무관하게 말입니다.

검투사들에겐 검술의 정신 세계가 어떠하니, 무술을 연마하기 위한 기초 체력이 어떠하니를 따지는 것은 사치일 뿐입니다. 매일매일의 결투에서 살아 남아야 하므로, 당장 상대방을 쓰러뜨리는 데 써먹을 기술이 필요할 뿐입니다.

아이들도 마찬가지죠. 살아 남기 위해 공부를 하는 아이들에겐 사고력이니 창의력이니 하는 건 참 사치스러운 것이지요. 오직 매일매일 높은 점수를 따는 기술이 필요할 뿐입니다. 앞에서 들었던 예를 다시 한 번 살펴볼까요?

내가 잘 아는 친구가 강남의 중학교에서 국어를 가르치고 있습니다. 이 학교의 국어과는 과목의 전체 점수 중 절반은 지필 시험으로, 나머지 절반은 수행 평가로 점수를 내고 있습니다. 국어과 교사들은 단편적인 지식보다는 종합적인 사고력을 길러 줄 목적으로 수행 평가를 독서로 하는데 무척 애를 먹는다고 하더군요.

처음에는 읽은 책의 내용을 요약하는 형태의 논술식 시험으로 평가를 했답니다. 그랬더니 학원에서 책의 내용을 잘 요약한 모범 답안을 만들어서 학습시키더라는 겁니다. 아이들은 정작 책을 안 읽는 것이지요.

그래서 책을 읽지 않으면 답할 수 없는 세부적 내용들을 뽑아서 주관식으로 물었습니다. 이번에는 학원에서 이백 가지 정도의 예상 문제를 만들어서 학습을 시키더라는 겁니다. 역시 아이들은 책을 읽지 않아도 되었습니다.

다음으로 개발한 방법이 자신의 경험이나 느낌과 연관시켜 책의 내용을 논술하는 것이었는데, 이건 또 채점에 소요되는 시간이 너무 많아서 어려움이 있었습니다. 물론 이번에도 학원에선 모범 답안을 만들었구요. 정말 자기 이야긴지 아닌지를 판단하기 위해선 아주 꼼꼼하게 읽어 보아야 했지요.

그래서 마지막으로 세부적인 내용을 주관식으로 물은 다음, 읽은 책을 가지고 와서 뒤적거리면서 답을 찾아 쓰도록 했다고 합니다. 이른바 오픈 북 형식으로 평가를 한 것입니다.

책을 읽지 않으면 묻는 내용이 어디쯤에 나오는지 알 수가 없으니까 사전에 읽고 올 수밖에 없지요. 그 때서야 아이들이 비로소 책을 읽더라는 겁니다.

검투사인 아이들과 그 검투사의 승패에 운명을 걸고 있는 가족들에게 사고력이니 창의력이니 하는 건 참 사치스러운 일입니다. 그래서 일부러 사고력과 창의력을 키워 주고자 하는 독서 평가까지 임시 방편의 점수 따기 기술로 대신하려고 합니다.

그런데 문제는 이것이 남의 이야기가 아니라는 점입니다. 이 글을 읽는 여러분들도 한두 번쯤은 책을 읽고 있는 아이에게 핀잔을 준 적이 있을 테지요. 공부는 안 하고 쓸데없는 책만 읽는다고 말입니다. 이 글을 쓰는 나도 예외는 아닙니다.

큰아이가 책 읽는 걸 좋아하는 편이라 고등학교 2, 3학년 때도 입시와 무관한 책을 읽는 경우가 종종 있었습니다. 그 동안 교육 운동이니 뭐니 하도 요란을 떨어댄 터라 차마 큰아이에게 핀잔을 주진 못했지요. 하지만 저 녀석이 저렇게 한가해도 되나 싶어서 괜히 주위를 서성거리며 조바심을 내곤 했습니다.

이래 가지고서야 어디 교육 개혁을 꿈이나 꿀 수 있겠습니까? 교육 개혁이란 말을 꺼내 보려면 (당장은 아니더라도) 단계적으로나마 원형 경기장을 폐쇄해야 하겠지요. 사실 노무현 정부의 대학 입시 개혁 논의는 원형 경기장을 단계적으로 폐쇄하자는 데서 시작되었습니다.

입시 원형 경기장 폐쇄에 관한 주장은 물론 교육 개혁 기구에서 나왔습니다. 교육 개혁 기구가 제시한 대학 입시 개혁안의 핵심은 '교육 이력철 중심의 대학 신입생 선발'과 그것을 뒷받침하기 위한 '교사별 평가제 도입'에 있었습니다.

그 문제 의식과 요지를 정리하면 다음과 같습니다.

우수 학생의 개념 변화 21세기 지식 기반 사회에서는 단순히 시험 성적만 높은 학생보다 다양한 특기나 리더십, 봉사성 등을 갖춘 학생이 우수 학생으로 평가받는다. 학생들 역시 성적을 높이는 일보다는 자신이 원하는 분야에서 전문성을 키워 차별화된 인생을 살고자 하는 욕구가 높다. 그렇기 때문에 대학도 단순히 시험 성적이 높은 학생보다는 다양한 재능과 인성 등을 갖춘 학생을 선발하기 위해서 노력해야 한다.

교사별 평가제 도입 현행의 학교 생활 기록부는 지나치게 단편적·획일적으로 수치화되어 있어서, 학생의 학교 활동에 대한 충분한 자료를 제공하지 못한다. 자신이 가르치는 학생은 자신이 평가하도록 교사별 평가제를 도입해야 획일성과 단편성을 벗어날 수 있다. 교사별 평가권을 주고 교사의 교육 기획 질과 평가의 타당성을 점검하는 시스템을 구축해야 한다.

교육 이력철 중심의 대학생 선발 학생 생활 기록부를 대체하는 '교육 이력철'은 이렇게 작성한다.

>첫째, 교수-학습 과정에서 나타난 학생 개인의 특성, 성과, 태도에 대한 서술 등 교과 활동에 대해 교과 담임이 충실히 기록한다.
>
>둘째, 진로 관련 독서 이력의 기록을 통해 교육 현장에서부터 지식 기반 사회에서 요구되는 폭 넓은 독서 문화를 유도한다.
>
>셋째, 교육 활동 중에 학생들이 작성한 기록물을 추가하여 대입 전형시 참고 자료로 제출토록 한다. 대입 제도를 단계적으로 개선하여 궁극적으로는 점수가 아니라 교육 이력철을 가지고 대학 학생 선발이 이루어지도록 한다.

당장 대학의 신입생 선발 제도를 위와 같이 바꾸는 건 불가능한 일이겠지요. 하지만 단계적으로 위와 같은 방향으로 가야 한다는 것은 맞습니다. 그러니까 당장 눈앞에 와 있는 2008년의 대학 입시에서는 수학 능력 평가 시험도 일정하게 반영하고 학생 생활 기록부의 교과별 점수도 주요하게 반영하는 현실적 안이 수립되어야 합니다.

그러자면 가까운 시일 내의 교사별 평가제 도입을 시작으로 해서 교육 이력철 중심의 대학 학생 선발에 이르는 이후의 단계적 개선 방안이 제시되어야 하겠지요. 그리고 그를 뒷받침하기 위한 교육 과정 개편이 필수적입니다.

그러나 2004년 10월 28일 교육부가 발표한 2008학년도 대학 입시안에서 교육 이력철의 취지는 말끔히 사라졌습니다. 교사별 평가제는 2010년도에 중학교부터 도입하겠다고 발표했는데, 이것은 사실상 안 하겠다는 소리나 마찬가지죠. 정책 결정 과정에서도 이렇게 무시되었는데, 정권이 바뀐 다음을 기약한다는 것은 그야말로 공허한 일이지요.

유일하게 퇴화한 꼬리뼈처럼 남은 것은 학생 생활 기록부 속에 독서 이력철을 도입하는 일입니다. 이 독서 이력철의 시행을 위해 독서 매뉴얼을 만들도록 되어 있는데, 독서 매뉴얼의 원래 취지는 '진로 독서 매뉴얼'입니다.

예컨대 화학자가 되고자 하는 아이는 중학교 이후 각 단계에서 기반 독서(진로와 직접 관련이 되지 않는 넓은 영역의 독서)는 어느 범위에서 어느 수준까지 해야 하고, 진로와 직접 관련되는 독서는 능력에 따라 어느 수준까지 어떤 내용으로 할 수 있는지를 안내하는 것입니다.

이렇게 진로별로 매뉴얼을 만드는 일은 매우 방대하고 힘든 작업입니다. 아마도 소요되는 예산이 최소한 20~30억은 넘어야 할 겁니다. 그런데 이 독서 매뉴얼 작업에 예산이 거의 책정되지 않을 것 같으니 독서 이력철도 형식화할 가능성이 매우 큰 듯합니다.

결국 대학 입시 개혁안은 원형 경기장 폐쇄안에서 원형 경기장 보수 공사안으로 바뀌었습니다. 이렇게 되면 개혁안이라기보다는 교육부의 통상적인 정책 발표회라고 해야 되겠지요. 그런데 대학 입시 개혁안이 왜 이렇게 변질될 수밖에 없었던 것일까요?

) 게임의 법칙 (

첫째, '공교육 정상화를 통한 사교육비 경감 대책'의 후속 조치로 2008학년도 이후 대입 제도 개선의 기본 방향을 2004년 8월까지 발표할 계획이다.

둘째, 학교 교육의 결과가 대학 입학 시험 전형에서 중시되고, 점수 경쟁 및 사교육비 부담을 완화할 수 있는 수학 능력 평가 제도의 개선 방안을 마련한다.

위에 인용된 부분은 교육부가 작성한 〈2008학년도 이후의 대학 입학 전형 제도 개선 방안〉(2004. 8.)의 첫머리를 인용한 것입니다. 위에서 말하는 '공교육 정상화를 통한 사교육비 경감 대책'이란 사실상 EBS 수능 과외 방송을 지칭하는 것입니다.

EBS 수능 과외 방송은 교육부가 오래 전부터 가지고 있었던 소신이라고 합니다. 획일적 학교 교육, 획일적 입시만으로는 아무래도 부족했던 모양입니다.

그래서 거기에 기생하여 번성하는 학원 과외와 참고서 시장까지 국영 방송을 통해 독점하겠다니, 이런 편법 중의 편법을 두고 교육 정책 책임 부서의 소신이라 할 수 있는 건가요?

앞에서 이야기했듯이, OECD는 2000년 각국에서 앞으로 학교 교육이 나갈 수 있는 시나리오를 여섯 가지로 제시하고 있습니다. 우리 나라는 그 중에서 첫 번째 '관료적 학교 체제의 지속' 유형에 속하지요.

OECD는 인터넷 등 ICT의 활용과 관련하여 이 유형의 문제점을 "ICT 활용은 학교의 주된 조직 구조를 바꾸지 못한 채로 증가 일로에 있다."라고 지적하고 있습니다. 학교 교육에 ICT를 도입 활용하는 것은 학교의 일방적이고 하향적인 구조를 바꾸어 학교 교육을 다양화하고 풍부화하는 데 있다는 겁니다.

그런데 '관료적 학교 체제가 지속되는' 유형에서는 ICT 활용이 일방적이고 하향적인 구조를 바꾸기는커녕 획일적인 구조를 강화하는 데 기여하고 있음을 지적한 것이지요. 꼭 교육부의 'EBS 수능 과외 방송' 이라는 작품을 두고 하는 말 같지 않나요?

그런데 재미있는 것은 그 관련자들조차 교육적 원칙에 정면으로 배치된다고 난처해 하는 EBS 수능 과외 방송에 대해 여론상의 반발이 거의 없었다는 사실입니다.

교육적 원칙에서나 교사의 자존심에서나 분명히 한마디 할 수밖에 없을 것 같은 교육 관련 시민 단체들이나 진보적인 성향을 가졌다는 언론 매체들도 그다지 반대하는 것 같지 않았습니다. 기득권을 가진 중산층의 대변자 노릇을 하던 매체들까지도 잠잠했구요. 어쩌면 이렇듯 조용할 수 있었을까요?

앞에서도 말했듯이 교육 개혁을 가로막는 우리 사회의 가장 큰 고질병은 '학교 교육은 사회 경제적 신분 상승의 외줄 사다리' 라는 고정 관념입니다. 이 고정 관념을 바탕으로 해서 중산층은 학교 교육을 자기 방어의 수단으로 유지하고 강화하려 합니다.

중산층에 새로이 진입하고자 경쟁하는 중간층 상층부는 이 고정 관념을 전제로 중산층에게 유리하게 되어 있는 게임의 법칙을 자신들에게 유리하도록 바꾸려고 하지요.

EBS 수능 과외 방송은 이러한 양측의 이해 관계에 부합하는 안입니다. 학교 교육을 자기 계층 방어의 수단으로 유지하고 강화하려는 중산층의 관심사는 '아이들을 점수에 따라 한 줄로 세우는 제도' 의 유지 및 강화입니다.

일정 점수에 도달하도록만 만들면 자기 자식이 일류 대학에 진학할 수 있고, 자기 지위를 자식에게 물려줄 수 있을 거라는데 그것만큼 확실한 방법이 어디 있겠습니까? 무슨 수를 써서라도 일정 점수에 도달하도록 만들겠다는 것이지요. 중산층이 가장 두려워하는 것은 '점수에 따라 한 줄로 세우는 제도' 가 없어지는 겁니다. 확실한 자기 계층 방어의 수단이 사라질까 봐 불안해 하는 거지요.

EBS 수능 과외 방송은 중산층의 입장에서 반대할 이유가 없습니다. 중산층과 경쟁하는 집단의 아이들이 수능 과외 방송을 듣는다고 해 봤자 고액의 질 높은 과외와 경쟁이 될 수 없으므로 크게 문제될 것이 없습니다.

게다가 수능 과외 방송을 한다는 건 교육부가 '점수에 따라 한 줄로 세우는' 정책을 계속 유지하겠다는 신호니까 길조면 길조였지 흉조일 리 없습니다.

중산층과 경쟁하는 중간층 상층부 역시 수능 과외 방송을 반대할 이유가 없습니다. 중간층 상층부 역시 '점수에 따라 한 줄로 세우는 제도'가 근본적으로 사라지는 것을 바라지 않습니다. 그건 중산층으로 진입할 통로와 기회를 잃는 것이니까요. 다만 좀더 공정한 게임의 법칙이 만들어지기를 바라는 것이지요.

수능 과외 방송은 이러한 중간층 상층부의 요구에 대체로 부합하는 것이었습니다. 중간층 상층부에게 '점수에 따라 한 줄로 세우는 제도'를 유지하면서 사교육 투자 능력으로 나타나는 불공정함을 부분적으로 개선하겠다는 메시지를 주었으니까요.

이 메시지에 전국 교직원 노동 조합, 교육 시민 단체, 〈한겨레〉 등, 이슈가 있을 때마다 시끄러웠던 매체들은 대체로 조용했습니다. 교육부는 이 고요를 길조로 받아들이며 수능 과외 방송에 대해 상당한 자부심과 자신감을 얻었을 겁니다. 그러나 국가적으로 보면 이 고요는 매우 불길한 흉조지요.

수능 과외 방송에 대한 중산층과 중간층 상층부의 침묵은 우리나라의 허리로서 그간 사회 발전의 견인차가 되었던 여론 주도층이 극단적으로 이해 관계화되고 보수화되었다는 것을 뜻합니다.

그래서 사회적 공론이 설 자리를 잃고 사라져 버린 것입니다. 이렇게 허리를 이루는 집단들이 발목을 잡는 퇴행적 역할을 하면 경제적 동력을 가진 대기업 등의 상층 집단은 많은 부분을 해외로 이

전해 갈 것이며, 하층 집단은 절망 속에서 무기력하게 될 것입니다.

어쨌든 수능 과외 방송의 불길한 성공(?)은 그 정책 기조를 2008학년도 대학 입시 개선안으로 이어가게 합니다. EBS 수능 과외 방송으로 대표되는 '공교육 정상화를 통한 사교육비 경감 대책'의 후속 조치로 2008학년도 대입 제도 개선안을 생각한다면 그 방향은 안 보아도 뻔한 겁니다.

그 기조는 대체로 첫째, '점수에 따라 한 줄로 세우는 제도'는 손 대지 않고 유지하며, 둘째, 경쟁에서의 공정성을 높이는 방안을 부분적으로 모색한다는 것으로 요약됩니다.

그러니까 교육부의 입장은 기본적으로 중산층의 요구를 중심에 두고, 중간층 상층의 요구를 부분적으로 수용하는 것이라 할 수 있지요. 우리 사회의 미래를 위해 백년지대계를 짜는 게 아니라 이해관계를 절충하는 입장에 서 있는 것입니다.

)수능 등급제(

2008학년도 대입 제도 개선안을 내놓으면서, 교육부는 수능 과외 방송 때처럼 조용히 넘어가는 성공(?)을 기대했을 것입니다. 하지만 대입안은 그럴 수 있는 사안이 못 되지요. 조그만 것에도 첨예하게 이해 관계가 부딪치기 때문에 격렬한 사회적 논쟁을 가져올 수밖에 없습니다.

아무리 격렬한 논쟁이 벌어져도 교육부는 개입해서 설득할 입장이 못 됩니다. 교육부의 대입 개선안 자체가 개혁적 명분을 가지고 있는 게 아니라 이해 관계를 절충하는 성격의 것이기 때문이지요.

2008학년도 대입 개선안의 핵심 내용 중 하나는 대학 수학 능력 시험 성적의 대입 반영 방식입니다. 이제까지는 응시자에게 전체 응시자 중에서 몇 % 안에 들었고, 점수는 얼마인지가 제공되었으며, 그것이 대학의 학생 선발에 중심적인 잣대가 되었습니다.

그런데 2008년부터는 점수나 석차를 제공하지 않는다는 겁니다. 그러면 어떻게 하겠다는 거냐구요? 전체 응시자를 성적에 따라 일정 등급으로 나누고, 응시자에게 일정 등급 중 몇 등급에 속하는지만 알려 준다는 것입니다.

이렇게 되면 수능 성적의 변별력은 아주 약해지겠지요. 예컨대 서울대에 입학하려면 수능 1등급을 받아야 한다는 정도의 아주 거친 변별력밖에 갖지 못할 테니까요. 법대에 진학할 수 있느냐 국어국문학과에 진학할 수 있느냐 식의 세부적 변별은 고등학교 내신 성적과 논술, 면접 등으로 하라는 것입니다.

이 수능 등급제는 여러 가지 논란을 불러일으켰습니다. 우선 몇 등급으로 나눌 것인가가 논란이 되었습니다. 그 중에서 5등급, 9등급, 15등급 등이 가장 큰 논란의 대상으로 떠올랐지요.

수능 응시자가 대략 60만 명이라고 가정해 봅시다. 5등급으로 나누면, 1등급을 받는 학생의 수는 10%니까 6만이 됩니다. 9등급으로 나누면 4%니까 2만 4천 명이 됩니다. 15등급으로 나누면

3%니까 1만 8천 명이 되지요.

등급을 많이 나눌수록 수능의 변별력은 커지고 대학 학생 선발에서 내신이나 논술 면접에 의존하는 비율은 작아집니다. 등급을 적게 나누면 수능의 변별력은 작아지고 대학 학생 선발에서 내신이나 논술 면접의 비중이 커지게 됩니다.

❖ 등급별 비율 분포도

	1	2	3	4	5	6	7	8	9	10	11	12	13	14	15
5등급	10	20	40	20	10										
9등급	4	7	12	17	20	17	12	7	4						
15등급	3	4	5	6	7	8	10	14	10	8	7	6	5	4	3

이 논란은 결국 9등급으로 가는 걸로 결론이 모아졌습니다만 쟁점이 해소되지는 않았습니다. 쟁점이 몇 등급으로 나눌 것인가에서, 9등급으로 가되 1등급의 비율을 4%로 할 것인가 7%로 할 것인가로 옮겨 갔지요.

수능 1등급을 4%로 하느냐 7%로 하느냐는 언뜻 보기엔 별 차이가 없는 것 같지만, 우연히도 아주 본질적인 의미를 갖게 되었습니다. 60만 명이 수능에 응시한다고 할 때 4%면 2만 4천 명이 됩니다.

이 숫자는 희한하게도 서울대, 연세대, 고려대, 포항 공대 및 각 대학의 의대 등, 이른바 일류 대학에서 모집하는 신입생 수의 총합과 거의 일치합니다.

이렇게 되면 우리 사회의 고정 관념에 비추어 볼 때, 수능 1등급을 받느냐 못 받느냐가 매우 상징적인 관문의 역할을 하게 됩니다. 그러면 이 1등급의 관문을 통과하기 위한 경쟁이 치열해져서 오히려 사교육 열풍을 키울 수도 있겠다는 것이 7%를 주장하는 쪽의 우려였지요.

교육부는 완강하게 4%를 주장하여 관철을 시켰습니다. 〈조선일보〉는 2004년 10월 28일자 기사에서 '수능 1등급 4%로 유지 교육부 勝 오늘 새 대입안 발표'라는 제하에 이 사실을 다루고 있습니다.

수능을 점수제에서 등급제로 전환하고 내신 반영 비중을 높이는 내용의 '2008학년도 이후 새 대입 제도'에서 수능 1등급의 비율이 4%로 확정됐다. 수능 1등급 7%를 요구해 온 열린 우리당 교육위 소속 의원들의 요구를 교육부가 힘겹게 물리친 결과다.

안병영 부총리 겸 교육 인적 자원부 장관과 열린 우리당 교육위 의원들은 27일 새 대입 제도와 관련한 최종 당정 협의를 갖고, 논란이 됐던 수능 1등급 비율을 4%로 확정했다.

교육부 관계자는 "2008학년도부터 수능이 점수제에서 9등급제로 바뀌는 데 대해 '변별력이 떨어진다'는 반발이 일부 있는 상황에서 1등급 분포를 지나치게 넓히면 대학 등으로부터 '본고사를 치르게 해 달라'는 요구가 강하게 들어올 수밖에 없다는 논리로 열린 우리당 의원들을 설득했다."고 말했다.

열린 우리당 관계자는 "우리는 7%가 합리적이라는 의견을 분명히 밝힌 뒤, 다만 교육부 고시 사항이니까 교육부 견해를 존중하겠다고 했다."고 말했다. 이날 정부와 여당 간의 이견이 봉합됨에 따라 교육부는 28일 '2008학년도 이후 새 대입 제도 확정안'을 발표할 계획이다.

새 대입 제도 확정안은 내신을 상대 평가화하고, 과학고 · 외국어고 등의 동일계 진학을 유도하며, 독서 활동을 학생부에 기록해 대입 전형에 반영하고, 수능은 출제 위원의 50% 이상을 교사로 채우되 2010년부터 연 2회 치르는 방안을 검토키로 하는 등 지난 8월 말 발표된 시안과 거의 같은 것으로 알려졌다.

또 시안 발표 후 고교 등급제 파문이 일어난 만큼 대학 입학 전형의 전문성을 키우기 위해 '입학 사정관제'를 도입하는 방안을 강하게 추진키로 했다.

무슨 승전보라도 전하는 것 같은 느낌이 드는 기사지요? 그럴 만도 할 겁니다. 4%, 즉 2만 4천 명이라는 숫자는 학교 교육을 계층 방어의 수단으로 가져가려는 중산층의 입장에선 꼭 지켜 내야 할 마지노선일 수도 있으니까요.

그만큼 앞으로 수능 1등급이 상징적 관문으로 작용하면서 치열한 경쟁과 사교육 열풍을 유도할 가능성도 크겠지요.

) 게임의 법칙은 정당할까? (

수능을 9등급으로 나누고, 1등급을 일류 대학의 신입생 총합과 거의 일치하는 4%, 즉 2만 4천 명 정도로 정했다고 해서 논란이 끝나는 것은 아닙니다. 오히려 그것은 본격적 논란의 시작에 불과하지요.

내신 반영 비중의 확대와 수능 9등급제를 골자로 하는 대입 개선안이 어제 확정 발표됐다. 이 안이 시행되면 철부지 학생들은 공부에 매달리지 않아도 되니 좋아할 것이고, 교사들은 학생들 대학 가는 게 자기들의 내신 평가에 달렸으니 좋아할 것이다. 학부모의 가슴과 나라의 장래만 멍드는 것이다.

수능 9등급제는 전국 석차 상위 24,000등까지 1등급 점수를 준다는 것이다. 2010년부터는 수능을 두 번 봐서 그 중 좋은 점수로 대학에 응시할 수 있게 하겠다는 게 교육부 생각이다.

1차 시험에서 1등급을 받으면 2차 시험은 볼 필요가 없게 된다. 그럴 경우 전체 수험생 60만 명 중 4만 명 넘게 1등급 점수를 받게 될 것이다. 어지간한 대학들은 모두 1등급으로 평준화된 점수를 받은 학생들로 채워지는 것이다. 사실상 변형된 대학 평준화가 시행되는 셈이다.

위의 내용은 2004년 10월 29일자 〈조선일보〉 여론면에 실린 독자 투고에서 인용한 것입니다. 균형 감각을 갖춘 의견이라고 보기는 어렵지만, 대체로 중산층의 의견을 잘 대변하고 있습니다. 위의 글에서 제기하는 쟁점은 다음과 같이 요약해 볼 수 있습니다.

수능 시험의 대학 입시 반영을 점수 표시에서 등급 표시로 바꾸는 것은, 변별력을 약화시켜 학생들을 공부에 태만하게 하고 결국 하향 평준화를 가져올 것이다.

이와 같은 주장은 개혁적 명분이 없으면 넘어서기가 어렵습니다. 우선 '21세기 지식 기반 사회에서는 단순히 시험 성적이 높은 학생보다 다양한 특기와 리더십, 봉사성 등을 갖춘 학생이 우수 학생이다.'라는 우수 학생의 개념 변화 없이는 왜 수능의 비중을 낮추어야 하는지를 설명하기 어렵습니다. 우수 학생의 개념 변화를 중심에 두고 있다면, 위의 쟁점에 대해 이렇게 대답할 수 있겠지요.

21세기 지식 기반 사회는 다양한 특기와 창의력, 리더십, 봉사성 등을 갖춘 인재를 요구하고 있다. 수능과 같은 획일적인 시험으로 대학 신입생 선발을 계속하면, 지식 기반 사회가 요구하는 우수성을 키워 줄 수 없어 학교 교육이 시대에 뒤떨어지고 그것은 결국 우리 사회의 낙후로 이어진다. 그래서 수능의 비중을 낮추고, 지식 기반 사회가 요구하는 우수성을 평가하고 반영하려는 것이다.

교육부는 위의 쟁점에 대해 아무 대답도 할 수가 없습니다. 애초에 대입 개선안을 '사교육비 경감 대책' 차원에서 기능적으로 바라보고 개혁적 요소들을 제거했기 때문이지요. '우수 학생의 개념 변화'를 전제하고 있지 않으니, 왜 수능의 변별력을 낮추어야 하는지, 왜 고교 내신의 비중을 높여야 하는지를 설명하고 설득할 수가 없습니다.

겨우 할 수 있는 이야기가 과다한 사교육비를 낮추고 지나친 점수 경쟁을 완화하기 위해서라는 것인데, 이건 아이들을 전부 하향 평준화시켜서 나라의 장래를 망치자는 거냐고 따지고 들면 대답할 말이 없습니다. 따라서 수능 등급제에 대한 논란은 고교 내신의 객관적 변별력을 어떻게 높일 것인가로 번져 갈 수밖에 없습니다.

)고교 등급제(

교육부가 발표한 2008학년도 대입 개선안의 고교 내신 관련 핵심 내용은 다음의 두 가지로 요약할 수 있습니다.

> 첫째, 수능을 등급제로 전환하여 대입 반영 비율을 낮추는 대신 고교 내신의 반영 비율을 높인다.
> 둘째, 성적 부풀리기 등 고교 내신에 대한 불신을 해소하기 위해 2005년 고교 신입생부터 '수, 우, 미, 양, 가' 식의 절대 평

가제를 지양하고 상대 평가제로 전환하여, 학생 생활 기록부에 교과별 원점수와 교과별 석차 등급을 9등급으로 나누어 표기한다.

❖ 학생 생활 기록부 교과별 성적 표기 방식 표

【현행】

과목	1학기		
	단위수	성취도	석차/재적 수
A	3	수	4(15)/532
B	2	우	88/532

⟹

【변경】

과목	1학기		
	단위수	원점수/과목 평균(표준 편차)	석차 등급(이수자 수)
A	3	95/70(10)	1(532)
B	2	85/70(10)	3(532)

위와 같은 고교 내신 개선안은 절대 평가를 상대 평가 방식으로 바꿈으로써 성적 부풀리기 문제는 어느 정도 해소할 수 있을 것으로 보입니다. 그러나 문제는 여전히 남지요.

학교 간의 학력 차를 어떻게 볼 것인가가 문제입니다. 학교 간의 학력 차를 인정하지 않는 교육부의 방침에 대해서 중산층 학부모는 당연히 불만이 많을 수밖에 없습니다. 이른바 신흥 명문 고등학교에 다니는 자신의 자녀가 내신에서 부당하게 불리한 입장에 놓인다고 생각할 테니까요.

수능이 무력화되는 반면 내신 비중은 강화된다. 고교 간 학력 격차가 반영되지 않아, '내신 사기'라는 말까지 돌고 있는 그 내신 점수가 합격 여부를 결정한다. 결국 한국의 대학 입시는 운運에 맡겨진 것이다.

—2004년 10월 29일, 〈조선일보〉

그러나 새 입시안은 내신의 문제점을 여전히 해결하지 못하고 있다. 전국 2천 개 고교는 학생 수와 특성이 각기 다르기 때문에 내신을 일률적인 입시 기준으로 택하는 것은 무리가 따를 수밖에 없다. 이처럼 불안한 제도라면 왜 입시 방식을 바꿔야 하는지 납득할 수 없다.

내신을 상대 평가로 바꿔 신뢰도를 높이겠다는 게 교육 당국의 복안이지만 상대 평가도 고교간 학력 차를 반영할 수 없기는 마찬가지다. 평준화 정책을 보완하기 위해 탄생된 특수 목적고, 자립형 사립고와 비평준화 지역의 우수 고교 재학생들은 앉은 자리에서 불이익을 당하게 됐다.

—2004년 10월 29일, 〈동아일보〉

위에 인용한 내용은 여론면에 실린 독자들의 글입니다. 수능의 변별력이 약화되면 내신 성적이 대학 입시에 큰 비중을 차지하는데, 엄연히 존재하는 고교 간 학력 차를 반영하지 않는 내신 성적 반영은 공정성이 없다는 것이지요.

이 쟁점에 답하기 위해서는 학생들의 지적·정서적 발달 과정을 구체적으로 기록하는 '교육 이력철' 개념과 그것을 뒷받침하기 위한 교육 과정 개혁안이 제시되어야만 합니다. 그에 대한 상이 정립되어 있다면 이 쟁점에 대해 이렇게 대답할 수 있을 것입니다.

　　고교 내신을 교과 점수라는 단순 결과만으로 좁혀 보는 것은 잘못이다. 내신 중심으로 가자는 것은 학생들의 지적 · 정서적 형성 과정과 학생들의 다양한 특기 및 리더십, 봉사성 등을 평가해 주자는 것이다.

　　그 과정에서 아이들의 우수성을 키워 내는 특별한 프로그램을 운영한 학교가 있다면 더 높은 평가를 받을 수 있다. 현재 학력이 높다고 하는 학교들은 지식 기반 사회에 맞는 아이들의 우수성을 키워 주기 위한 그 어떤 특별 프로그램도 운영한 바가 없다.

　　현재 우수 학교를 따질 때에 잣대가 되는 학력이라는 것은 사교육비 투자로 획득한 점수 따기 기술로 좁혀져 버린 감이 없지 않다. 학력의 개념이 이렇게 좁혀지면 아이들의 우수성을 키워 주는 데 장애가 될 뿐이다. 우수 학생의 개념이 바뀌면 우수 학교의 개념도 바뀌어야 한다.

　　현재의 학교와 학생 생활 기록부 체제는 지식 기반 사회에 맞는 우수 학생이나 우수 학교의 개념을 뒷받침하지 못하고 있다. 교육 과정 개혁과 교육 이력철의 도입을 통해 이를 뒷받침해 나갈 것이다.

　　학생들의 지적 · 정서적 형성 과정 및 학생들의 다양한 특기와 리더십, 봉사성 등을 평가하기 위해서는 교사별 평가권을 주어야 한다. 현재와 같이 학교 단위나 교과 단위의 획일적 평가가 중심이 되어서는 위와 같은 요소들을 제대로 평가할 수 없다. 교사들에게 가르치는 내용에 대한 기획과 평가에 대해 권한을 주는 대신 그것을 공개해 사회적 평가를 받도록 해야 한다.

그러나 교육부는 교육 과정 개혁을 통한 학교 현장의 변화나 교육 이력철 제도의 도입을 배제하고, 대입 제도 개선을 사교육비 경감 대책의 일환으로 좁혀 버렸기 때문에 딱히 대답할 말이 없습니다.

교육부는 '점수에 따른 한 줄 세우기 제도'의 유지를 기본 입장으로 하고 있기 때문에 점수 차를 근거로 고교 간의 학력 차를 인정해야 한다는 주장이 나왔을 때 딱히 반론을 펴기가 어려운 것입니다. 따라서 고교 간의 학력 차를 인정하느냐 마느냐에 관한 논란은 일파만파로 번져 나갈 수밖에 없었습니다.

전교조나 교육 시민 단체 등 중간층 상층부의 이해 관계를 대표하는 쪽은, 대학이 수시 모집에서 알게 모르게 고교 등급제를 시행해 온 게 아니냐는 의혹을 제기했습니다. 교육부의 감사 결과, 오래 전부터 추측과 소문이 무성하게 떠돌던 얘기가 사실로 드러났지요.

연세대, 이화여대 등 일부 대학에서 실제로 고교 등급제를 적용하고 있었던 것입니다. 이로 인해 논란은 양극화 양상을 보이면서 격렬해졌습니다.

고교 등급제에 반대하는 이들은 교육 여건의 차이와 불공정한 경쟁 등을 이유로 들고 있다. 지방의 인문계 고등학생이라고 밝힌 '노란 위생차'는 "학원에 다니고 싶고 비싼 과외를 하고 싶습니다. 하지만 여기는 그런 것조차 없고, 하는 것이라고는 문제지 혹은 학습지가 전부"라며 "명문대에 가고 싶지만 주위 환경부터 도시 아이들과 다르다."고 말했다.

그는 "학교마다 실력이 다르다고 등급제를 해야 한다고 하지만 말도 안 되는 소리"라며 "선배의 학력에 의해 후배들의 능력이 제대로 평가받지 못하는 제도"라고 지적했다.

고교 등급제에 찬성하는 이들이 가장 목소리를 높이는 대목은 학교 사이에 존재하는 학력의 차이를 무시할 수 없다는 것이다. 성적이 전반적으로 좋은 학교에 다니는 학생들이 내신에서 불리하다는 주장이다.

고교 3학년생이라는 '밥통'은 "수시 비율이 커져 대학을 내신 성적만으로도 갈 수 있는데 학교마다 내신 시험의 난이도도 다르고 학생들의 수준도 다르다."며 "고교 등급제를 없앤다면 그것은 평등을 가장한 역차별이 아닐까요?"라고 되물었다.

위의 글은 그 무렵 인터넷 사이트에 올라온 의견들을 정리해 놓은 〈한겨레〉의 기사에서 따 온 것입니다. 고교 등급제에 찬성하는 쪽은 점수로 나타난 결과만을 강조합니다.

어떤 과정을 거치든 간에 점수로 나타나는 학력 차가 있으니 그것을 인정해야 한다는 것이지요. 그것을 인정하지 않으면 역차별이라는 얘기구요. 물론 이것은 학교 교육에서 기득권을 확보하고 있는 중산층의 입장을 드러낸 것입니다. 이미 확보하고 있는 기득권을 인정하라는 뜻이지요.

고교 등급제에 반대하는 사람들은 과정을 강조합니다. 교육 여건에서 엄청난 차이가 있으니 점수로 나타난 결과만 가지고 누가 우수한지를 따져서는 안 된다는 것입니다.

이건 약자의 입장에서 중산층과 경쟁하는 중간층 가운데 상층부에 해당하는 사람들의 견해라 할 수 있지요. 기득권을 인정하지 않는 상태에서 경쟁을 해야 공평하다는 것입니다.

아마도 2008학년도 대입 제도를 둘러싼 이번 논란에 의미가 있다면, 그것은 이제까지 꼬일 대로 꼬인 교육 문제의 뒤에 숨어 있던 두 집단의 이해 관계가 비교적 여과 없이 명백하게 드러났다는 데 있을 것입니다.

그리고 관련된 거의 모든 집단이 숨김없이 두 이해 관계 중 하나의 입장을 선택했다는 점입니다. 교육과 관련해서 쓰고 있던 거의 모든 가면이 벗겨진 것이지요. 〈한겨레〉는 사설에서 이 점을 다음과 같이 지적하고 있습니다.

고교 등급제를 시행해 온 대학은 이번 파문이 왜 서울 강남 대 비강남 형태의 지역·계층 간 갈등으로 비화할 조짐을 보이는지를 곰곰이 생각해 봐야 한다.

명문 사립대를 자처하는 몇몇 대학이 다양한 전형 방법 개발은 소홀히 한 채 경제력과 교육 여건이 좋은 지역의 학생을 많이 뽑기 위해 기를 쓰고 있다는 비판도 겸허하게 받아들여야 한다.

법적으로 보더라도 고교 등급제는 입학 전형을 "공정한 경쟁에 의해 공개적으로 실시"하도록 하고 있는 고등 교육법 시행령에 위배된다. 있을 수 있는 학교 사이의 학력 차이를 개인의 차이로 고착시키는 것은 차별을 제도화한다는 점에서 반인륜적이기까지 하다.

위의 글에서는 고교 등급제를 둘러싼 논란, 나아가 대입 제도를 둘러싼 논란이 사실상 강남 대 비강남, 즉 중산층 대 중간층 상층부의 계층 간 갈등임을 지적하고 있습니다. 그리고 명문 사립 대학들이 명백하게 중산층의 이해 관계에 함께 서 있었음을 꼬집어 보이고 있습니다. 우리 사회에 존재하는 거의 모든 가면이 벗겨지는 순간이라 할 수 있습니다. 대학으로서는 고교 등급제를 해 온 사실이 드러난 것이 무척 낯뜨거운 일이겠지요.

) 대학도 할 말이 있을까?(

고교 등급제를 가운데 둔 공격에 대해 대학이 강력하게 반발한 것은 어쩌면 이 낯뜨거움의 표현이라 할 수 있습니다. 아래에 인용한 글은 당시 〈한겨레〉에 실린 기사의 일부입니다.

세 대학은 지난 주 교육부의 고교 등급제 실태 조사 결과가 발표된 이후에도 "잘못한 게 전혀 없는데 웬 난리냐?"는 식의 태도를 보여 왔다. 교육 기관으로서 건전한 양식을 가지고 있는지 의심이 들 정도였다.

특히 연세대는 "개별 고등학교의 학력 정보를 이용해 수험생의 수학 능력을 평가했을 뿐"이라면서 교육부가 오히려 대학의 자율성을 침해하고 있다고 강변했다. 이화여대와 고려대도 등급제를 실시한 적이 없다고 주장했다.

고교 등급제에 대한 여론의 공격이 강해지자, 대학의 반발은 고교 등급제를 시행한 대학을 넘어 대학 전반으로 확산되어 나갑니다.

고교 등급제 · 본고사 · 기여 입학제를 금지하는 '3불不 원칙'을 둘러싼 논란이 가라앉지 않고 있는 가운데 전국 대학 입학처 · 실장들이 "국가 경쟁력 제고와 창의적인 학생 선발을 위해 대학의 학생 선발 자율권이 확대돼야 한다."는 입장을 재확인했다. 일부 입학처장들은 고교 등급제와 본고사 금지를 재검토해야 한다는 입장도 발표했다.

전국 120여 개 대학 입학처 · 실장들이 참여한 가운데, 20일 오후 중앙대에서 열린 '대입 제도 개선을 위한 전국 대학 입학처장 회의'에서 김완진 서울대 입학 관리 본부장은 "개념이 모호하고 포괄적인 고교 등급제 금지 조항으로 정부가 대학의 선발권을 규제해서는 안 된다."며 "개인적으로 학교 간 학력 차가 평가에 반영돼야 한다고 생각한다."고 주장했다.

—2004년 10월 21일, 〈조선일보〉

김완진 입학 관리 본부장은 "고교 등급제를 하지 못하다 보니 좋은 학생들을 많이 선발하지 못했다."며 2008학년도부터 고등학교 사이의 학력 격차를 입시에 반영하는 방안을 검토하고 있다고 말했다.

—2004년 10월 21일, 〈한겨레〉

서울대 입학처장 김완진 교수의 고교 등급제 찬성 발언에 이어, 급기야는 정운찬 서울대 총장의 고교 등급제 지지 발언이 이어졌습니다. 서울대가 갖는 상징성으로 볼 때, 사실상 대학 사회 전체가 고교 등급제 금지에 반발하고 나선 겁니다.

그런데 대학이 과연 창의적인 학생을 뽑아 국가 경쟁력을 높이기 위해 고교 등급제를 도입하겠다고 말할 자격이 있는 걸까요? 과연 그런 말을 할 자격이 있는지 대상을 서울대로 좁혀서 한번 따져 봅시다. 서울대는 이제까지 치열한 점수 따기 경쟁에서 최상위를 차지한 학생들만을 뽑아 왔습니다. 그럼에도 불구하고 연구 실적을 가지고 평가했을 때, 얼마 전까지 세계 대학 중 100위 안에도 들지 못했지요.

우리 나라 경제력이 세계에서 차지하고 있는 위치에도 훨씬 못

미치는 결과입니다. 이것이 과연 더 똑똑한 학생을 못 뽑아서일까요? 우리 나라 학생들이 다른 나라 학생들보다 머리가 모자랄 리도 없고, 그 중에서도 가장 똑똑한 학생들만을 가려 뽑아 놓은 서울대이니 말도 안 되는 얘기지요.

서울대의 시스템에 문제가 있다는 것을 자인하는 것에 불과합니다. 똑똑한 아이들을 뽑아 놓고선 덜 똑똑하게 만들었다는 얘기가 되는 셈입니다. 게다가 자기가 진학한 학과의 공부를 열심히 하는 학생이 과연 몇 %나 될까요? 아마 반도 안 될 겁니다.

상당수는 자기 전공과는 상관 없는 고시 공부나 취직 공부에 매달려 있고, 또 나머지 상당수는 노는 게 현실입니다. 이러한 현상은 이른바 비인기 학과로 갈수록 심하지요.

이것이 시험 점수가 낮은 학생들이 들어와서 일어나는 현상인가요? 그렇지 않습니다. 그 학과의 전공에 대해서는 아무 관심도 취미도 없는 학생들이 점수에 맞춰서 들어왔기 때문입니다. 다른 공부를 하거나 노는 학생들은 자기 전공 관련 분야에서 역량을 발휘해 사회에 기여하기보다는 서울대라는 학벌을 얻어 사회에서 행세하려고 온 아이들이지요.

현실이 이러하다면 서울대 입학처장과 총장은 "고교 등급제를 안 하면 똑똑한 학생을 받지 못해 경쟁력이 떨어진다."며 한가하게 남의 탓을 할 처지가 못 됩니다. 점수 외의 그 어떤 방법으로 각각의 전공에 취미와 관심이 있는 학생을 가려 뽑을 수 있을 것인가부터 머리 싸매고 고민해야지요.

현실을 알면서도 고교 등급제를 시행하여 점수 높은 학생을 뽑겠다고 주장하는 건 사실상 서울대라는 학벌에 기대어 사회적으로 행세하려는 아이를 많이 뽑겠다는 말과 다름없습니다.

그래서 서울대 학벌을 유지하고 강화해 기득권을 지키겠다는 것밖에 안 되지요. 그런 것은 어디까지나 사적 이해 관계에 집착하는 갑남을녀가 할 소리지, 우리 나라의 지식인을 대표하는 서울대 총장이 할 만한 소리는 아니라고 봅니다.

)대학의 마지막 무기, 본고사(

불행하게도 대학 쪽에서는 고교 등급제 주장을 넘어서 본고사 부활이라는 마지막 무기까지 꺼내 들었습니다.

> 그(김완진 서울대 입학처장)는 "전교조 등이 일부 대학에서 치르는 '본고사형 논술 문제'를 문제 삼고 있는데, 본고사라고 판단하는 기준이 무엇인지 의문시된다."며 "이는 대학의 자율권에 대한 심각한 침해라고 보며, 지필 고사 형태로 대학별 고사를 치르는 것을 허용해도 문제가 없을 것"이라고 주장했다.
>
> ―2004년 10월 21일. 〈조선일보〉

정운찬 총장도 등급제를 옹호하면서 나아가 본고사 도입을 검토 중이라고 밝혔다.

대학이 이렇게까지 나오는 데는 물론 기득권을 지키려는 대학의 안이함도 있지만 교육부의 탓도 큽니다. 점수 위주로 학생을 평가하는 수능을 등급제로 전환하고, 내신 비율은 높이면서 고교 등급제를 인정하지 않겠다는 것은 수능 점수를 어느 수준의 대학에 응시할 수 있는지를 살피는 기준 정도로만 보라는 이야기입니다. 그리고 나머지는 그 학생의 특기와 적성, 전공에 대한 관심도와 준비 정도, 인성 등을 보고 뽑으라는 이야깁니다.

수십 년 간 국가 시험이나 대학별 본고사를 통해 학생들을 쉽게만 뽑아 온 대학으로선 당혹스러울 수밖에 없는 것이지요. 준비가 전혀 안 되어 있으니까요.

그렇기 때문에 교육부는 학생의 특기와 적성, 전공에 대한 관심도와 준비 정도, 인성 등을 평가할 수 있는 자료를 어떤 식으로든 제공하겠다는 확실한 방안을 제시해 주어야 합니다.

중장기적인 방안도 있어야 하지만 단기적인 방안도 있어야겠지요. 그런데 교육부는 아무런 방안도 제시하지 않고 있습니다. 교육부의 초기 안에 중장기적 방안으로 도입돼 있었던 교육 이력철은 2004년 10월 28일에 발표된 안에서는 삭제되었습니다. 단기적인 방안은 교육부가 발표한 대입안 속에도 들어 있는 독서 이력철과 독서 매뉴얼 개발 같은 겁니다. 이른바 '진로 매뉴얼 개발'이지요.

진로 독서 매뉴얼이 개발되면 그것을 참고로 진로 독서 지도가 이루어지고, 그 내용이 독서 이력철에 기록되는 겁니다. 그러면 대학에서는 독서 이력철을 보고 심층 면접이나 심층 에세이를 쓰게 해서, 그 아이의 적성이나 특기 전공에 대한 관심이나 준비 정도를 판단해 볼 수 있지 않겠느냐는 것이었지요. 교육 이력철 도입까지는 시간이 많이 걸리니까 단기적인 방안으로 구상한 것이었습니다.

그런데 교육부 안에서는 '독서 이력철'을 대학의 심층 면접이나 논술과 연결시키고 있지 않습니다. 그러면 '독서 매뉴얼'과 '독서 이력철'은 단기적 방안으로서의 의미를 잃어버리고 장식적 요소로 전락하게 됩니다.

교육부는 단기적이든 중장기적이든 별 대안 없이, 그냥 현행의 학교 생활 기록부를 보고 알아서 특기 적성 소질을 판단해 학생을 뽑으라는 겁니다. 적성과 소질, 특기를 신장하는 선발 유형으로 다음과 같은 방법을 들 수 있습니다.

첫째, 대학 목표 및 모집 단위의 특성에 부합한 선발 방식 도입 유도

둘째, 수능 시험 성적 위주의 학생 선발을 탈피하고 대학 목표 및 모집 단위 특성에 부합하는 다양하고도 특성화된 선발 방식 유도

셋째, 학교 생활 기록부를 중심으로 대학 목표(연구 중심 대학, 교육 중심 대학, 직업 기술 교육 중심 대학 등) 및 모집 계열별

(인문, 사회, 자연, 공학, 예체능)에 따른 전형 개발로 학생
구성원의 다양화

　현재의 학교 생활 기록부는 그걸 작성하는 교사들조차 자인할
만큼 부실하게 작성되는 게 현실입니다. 그러고 싶어 그러는 게 아
니라 학교 현장이 아이들의 특기, 적성, 인성 등을 구체적으로 파
악하고 지도할 수 있는 체제로 되어 있지 않은 것입니다.

　제7차 교육 과정에서 강조한 특기 적성 교육, 진로별 선택 교과
과정, 재량 학습 등은 내용적으로 허구화되고 옛날처럼 대학 입시
를 위한 교과 점수 높이기에 매달려 있지요. 그러니 점수에 의한
평가는 비중을 낮추고 학교 생활 기록부를 보고 특기, 적성, 소질
등을 판단해 학생을 뽑으라고 한들 대학이 그걸 진짜 그러라는 걸
로 받아들이겠습니까?

　　19일 오후 안병영 교육 부총리 주재로 서울 프레스 센터에서
　　열린 20개 대학 총장·부총장 간담회에서, 안 부총리는 고교 등급
　　제·본고사·기여 입학제를 금지한 '3불 원칙'을 재확인했다. 그러
　　나 대학 총장 등은 "원칙에는 동의하지만 대학의 학생 선발권을 확
　　대해야 한다."고 말했다.

　　　　　　　　　　　　　　　　　—2004년 10월 20일, 〈조선일보〉

원칙에 동의한다는 말은, 점수로만 학생을 판단하지 말고 특기,

적성, 인성 등을 보고 학생을 뽑아야 한다는 기본 취지는 맞다는 것입니다. 그렇지만 학생의 특기, 적성, 인성 등을 판단할 자료나 방안도 제대로 없고 대학도 준비가 안 되어 있으니 당장은 점수로 좋은 학생을 뽑을 수밖에 없다는 얘기지요.

대학의 학생 선발권을 확대해야 한다는 말은 그렇게 할 테니 간섭하지 말라는 것입니다. 대학이 본고사라는 마지막 무기를 들고 나온 건 일종의 무력 시위라 할 수 있습니다. 교육부는 이 대학의 마지막 무기를 열린 우리당 교육위 위원들에게 들이댔습니다. 그래서 수능 1등급 비율을 7%에서 4%로 낮춥니다.

수능 1등급의 비율이 4%로 확정됐다. 수능 1등급 7%를 요구해 온 열린 우리당 교육위 소속 의원들의 요구를 교육부가 힘겹게 물리친 결과다. 안병영 부총리 겸 교육 인적 자원부 장관과 열린 우리당 교육위 의원들은 27일 새 대입 제도와 관련한 최종 당정 협의를 갖고, 논란이 됐던 수능 1등급 비율을 4%로 확정했다.

교육부 관계자는 "2008학년도부터 수능이 점수제에서 9등급제로 바뀌는 데 대해 '변별력이 떨어진다'는 반발이 일부 있는 상황에서 1등급 분포를 지나치게 넓히면 대학 등으로부터 '본고사를 치르게 해 달라'는 요구가 강하게 들어올 수밖에 없다는 논리로 열린 우리당 의원들을 설득했다."고 말했다.

상당히 유능한 브로커죠?

미래로부터의 반란

)익숙한 것으로부터의 결별(

우리 안에 갇힌 맹수들을 보면 무척 안쓰러워 보입니다. 넓은 천지를 포효하며 질주하던 맹수가 좁은 우리 안에 갇혀 똑같은 길을 시계추처럼 왔다 갔다 하고 있으니까요. 10초도 안 걸리는 짧은 거리를 말입니다. 이것보다 안쓰러운 모습이 있다면 어떤 걸까요?

그 맹수를 가두던 우리의 철망이 없어졌다고 해 봅시다. 그리고 철망이 없어졌는데도 그 맹수가 철조망이 가로막고 있던 범위를 벗어나지 못하고 똑같은 길을 왔다 갔다 한다고 생각해 봅시다.

그 맹수는 철망에 갇혀 살던 상황에 너무 익숙해져서 철망이 없어졌는데도 그러고 있는 것입니다. 이것이야말로 세상에서 가장 안쓰러운 모습이겠지요.

안쓰러움을 넘어서, 그 맹수는 계속 그러고 있으면 죽을 수밖에 없습니다. 철망이 있을 때야 사육사들이 굶지 않을 만큼 먹을 거리를 가져다 주었지만, 철망이 없어진 다음에 누가 그렇게 해 주겠습니까?

이 맹수는 이제 우리가 있던 곳을 벗어나 자기 스스로 먹을 걸 구해야 합니다. 그래야 삽니다. 그러기 위해서 이 맹수가 가장 먼저 해야 하는 일은 익숙한 것으로부터 결별하는 일이지요.

2008학년도 대입 개선안이 만들어진 과정과 그것을 둘러싼 논란을 보면서 우리가 바로 그 맹수가 아닐까 하는 생각이 많이 들었습니다. 우리의 철조망이 없어졌는데도 철조망이 있던 범위를 벗어나지 못하고 똑같은 길을 왔다 갔다 하는 바로 그 맹수 말입니다.

그렇다면 우리에게 가장 먼저 필요한 것도 익숙한 것으로부터 결별하는 일이 아니겠습니까? 익숙한 것으로부터 결별하기 위해서는 우리에게 익숙한 것이 무엇인가부터 알아야겠지요. 우리에게 익숙한 것이 과연 무엇일까요?

아마도 기성 세대에게 가장 익숙한 것은 근대화 논리일 겁니다. 미국이나 일본 같은 선진국을 모델로 해서 열심히 따라가면 우리도 선진국이 되어 잘살 수 있다는 이야기 말입니다. 우리의 학교는 이 근대화 논리의 교육적 구체화였습니다.

미국이나 일본을 빠른 속도로 따라가려면 서구에서 생산된 지식을 빨리빨리 받아들여, 될 수 있는 한 짧은 시간에 많은 사람에게 주입시키고 암기하도록 해야 합니다. 우리는 이러한 교육 체제에 너무 익숙해져 있습니다.

교육 관료와 교육학자들은 미국 등 서구의 제도와 이론을 내리먹이기 식으로 우리 현실에 정착시키는 과정에서 형성되었습니다. 그렇기 때문에 하향식 관행, 즉 관료적 권위와 지시에 너무 익숙해 있습니다. 그래서 절박한 학교 현실로부터 정책 과제를 끌어내 오는 게 아니라 상부의 관심 사항이나 외국 이론, 아니면 관행적으로 정책 과제를 설정하고 현실을 거기에 맞추어 재단합니다.

대학은 어떻습니까? 그간의 우리 교육 체계에서 우리 나라 대학은 지식의 생산 단위가 아니었습니다. 서구 대학이 지식의 생산 단위이고, 우리 나라 대학은 지식의 가공 단위였지요. 서구에서 배운 지식을 평생 풀어먹으면 되니까, 우리 나라 대학은 바쁠 일이 별로 없었습니다.

그래서 고등학교까지 죽을 둥 살 둥 모르고 공부하던 아이들이 대학에만 들어가면 놉니다. 이렇게 노는 데 비해서 대학은 어마어마한 사회적 권위를 가지고 있지요. 서구의 지식에 상대적으로 가까이 있다는 것만으로 말입니다. 대학은 사회적 기여는 별로 없이 권위를 누리는 데 익숙해져 있습니다.

교사들은 성전시되는 획일적 교과서를 가지고 가르치는데, 그것을 얼마나 잘 외웠느냐에 따라 점수를 매겨 줄 세우는 데 매우 익숙해져 있습니다. 학부모들은 학교를 신분 상승의 외줄 사다리로 보는 고정 관념에, 자녀를 그 외줄 사다리의 위에 세우기 위한 점수 경쟁에 익숙해져 있습니다.

그런데 우리가 익숙했던 우리와 철조망은 벌써 없어졌습니다. 미국 등 서구의 선진국 모델을 따라 열심히 따라가면 선진국이 될 수 있다는 이 동일화의 논리는 거짓말로 판명된 지 이미 오래입니다. 그 길을 열심히 따라갔던 아르헨티나 등 많은 나라들이 선진국이 된 게 아니라 폭삭 망했다는 것은 이미 역사책에 기록된 사실들입니다.

우리 나라도 근대화 논리 자체와 이제까지의 경제 근대화 과정에 한계가 있었기 때문에 IMF 등 많은 혼란을 겪어 왔습니다. 이 익숙한 것들로부터 결별해야 할 시점이 너무 많이 지나서 조금 더 그러고 있으면 죽을 수도 있습니다.

흔히들 지금이 세계사적 대전환기라고 합니다. 이러한 대전환기에는 이제까지 하찮게 버려져 있던 것들이 새삼스럽게 다가와 세상을 새로운 눈으로 바라보게 합니다. 이제까지 서양 중심 체제에서 버려져 왔던 동양, 인간이 마음대로 다루고 수용할 수 있는 대상으로서만 존재해 왔던 자연, 남성 중심의 질서에서 소외되었던 여성 등, 그전까지 버려져 왔던 것들이 우리의 삶과 사유의 중심으로 커밍아웃되면서 사고의 대전환이 일어나고 있는 것이지요.

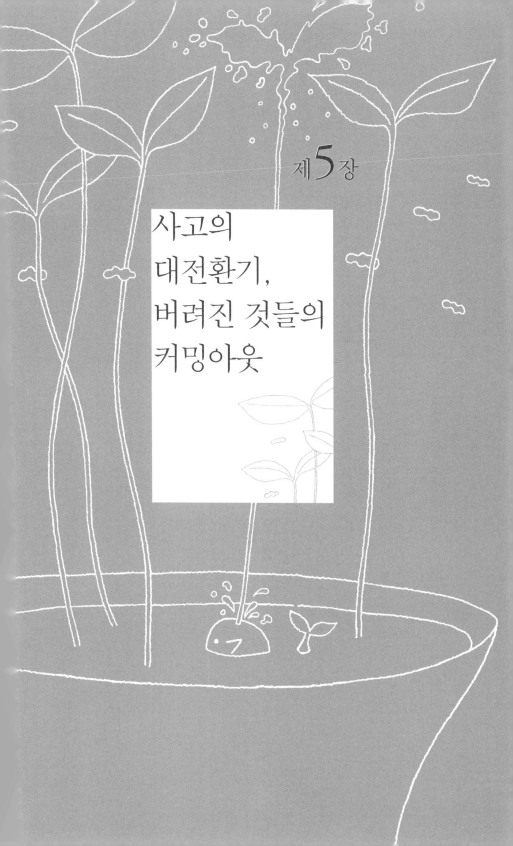

제5장

사고의
대전환기,
버려진 것들의
커밍아웃

)내밀한 삶의 전환점(

기일에 맞춰 주어야 하는 원고가 있어서, 조용한 산장에 혼자 머물면서 원고를 쓰고 있었습니다. 며칠째 사람 하나 마주치지 않고 원고에 매달려 지냈지요. 그러던 어느 날 밤이었습니다. 머릿속이 멍해져서 기분 전환 삼아 수염도 깎고 세수도 하고 머리도 감았습니다.

마지막으로 이를 닦다가 바닥을 내려다보았는데, 거기에 발이 있지 뭡니까? 내 의지대로 너무 잘 움직여 줘서, 그리고 내 몸의 끝에 달려 있어서, 늘 양말이나 신발 속에 감춰져 있어서 까맣게 잊고 지냈던 발이 마치 처음 보는 것처럼 거기에 덩그러니 있었습니다.

나는 따뜻한 물을 받아서 발을 정성스레 씻었습니다. 물의 따뜻한 느낌 때문인지 나에게 처음 발이 생긴 것 같은 기분이 들었습니다. 내가 살아온 삶이 갑자기 발의 입장에서 다시 보이기 시작했습니다.

머리로 생각하고 눈으로 관찰한 것과는 다른 모습이었습니다. 그건 늘 무엇엔가 닿아 있고, 고단하면서도 충만한 느낌이 드는, 실체감 있는 모습이었습니다. 어쩌면 그 순간이 나에겐 내밀한 삶의 작은 전환점이었는지도 모르지요.

흔히 우리는 우리 삶의 전환점이 거창하고 잘 알려진 것들로부터 오리라고 생각합니다만, 삶의 전환점은 이같이 아주 사소하고 잊혀졌던 것들로부터 옵니다. 이것은 개인의 삶에서만 그런 게 아니라 우리 사회, 더 나아가 지구 차원에서도 그렇습니다.

얼마 전, 내 동화《고양이 학교》를 영어로 번역한 여성이 영국에서 나와 점심을 같이 먹은 적이 있습니다. 영국인 교수와 같이 사는 한국 여성인데, 친정에 들르러 온 것이었습니다. 남편과 함께 공동으로 번역 작업을 했지요. 그 여성에게《고양이 학교》를 번역하면서 가장 어려웠던 점이 무어냐고 물었더니, 전혀 예상하지 못했던 부분을 이야기했습니다.

《고양이 학교》의 여자 주인공 세나가 자폐아인데, 그 아이가 놓인 상황을 번역하는 게 제일 힘들고 곤란했다고 하더군요. 너무나 뜻밖의 말이라 눈을 크게 뜨고 왜 그런 거냐고 물었습니다.

그랬더니《고양이 학교》에서는 세나가 자폐아여서 부모가 이혼하고 집안 분위기가 어두운 걸로 나오는데, 그대로 번역하면 영어권 독자들은 도저히 이해할 수 없다는 것이었습니다. 영국에서는 아이가 자폐라고 해서 힘들 일도 없고 어두울 이유도 없으니까요. 그 이야기를 듣는 순간, 문득 우리 사회가 전혀 다른 모습으로 보였습니다.

흔히들 지금이 세계사적 대전환기라고 이야기합니다. 이러한 대전환기에는 이제까지 하찮게 버려져 있던 것들이 새삼스럽게 다가와 세상을 새로운 눈으로 바라보도록 합니다. 이를 닦다 무심코 내려다본 내 발처럼 말입니다. 말하자면 버려진 것들의 커밍아웃이라고나 할까요? 이 버려진 것들의 커밍아웃이 사고의 대전환을 만들어 냅니다.

예컨대 자연 현상을 다루는 과학 이론에서 관찰자의 주관은 배제되어야 하는 버려진 존재였습니다. 관찰자나 연구자의 주관이 끼어들면 과학 이론의 객관성을 해친다고 생각했지요.

그런데 아인슈타인은 이 과학 이론에서 버려진 존재인 관찰자를 커밍아웃했습니다. 관찰자를 과학 이론 속에 집어 넣어 상대성 이론을 구성해 냈지요. 아인슈타인의 이 상대성 이론은 과학 이론에서뿐만 아니라 인류의 사유와 삶에 대전환을 만들어 냅니다.

이제까지의 서양 중심 체제에서 버려져 왔던 동양, 인간이 마음대로 다루고 이용할 수 있는 대상으로서만 존재해 왔던 자연, 남성 중심의 질서에서 소외되었던 여성 등, 그전까지 버려져 왔던 많은 것들이 우리 삶과 사유의 중심으로 커밍아웃되면서 사고의 대전환이 일어나고 있습니다.

자, 그러니 우리의 교육 개혁에 대한 논의도 지 지긋지긋하게 익숙한 것들로부터 벗어나 이제까지 버려져 온 것들을 커밍아웃하는 데서부터 시작해 봅시다.

) 말썽이라도 피워 주면 좋겠다(

며칠 전, 후배들이 하는 충남 교육 연구소에 기획 강좌가 있어서 내려갔습니다. 시골 오지의 폐교를 얻어 쓰는 연구소는 터가 넓고 나무가 많아 시원스러워 보였습니다. 인상적인 것은 그 연구소가 동네 아이들을 방과 후에 가르치는 마을 교실도 운영하고, 전통 농경 문화 마을 프로그램에 참여하는 등 마을 공동체 속에 어울려 있다는 점이었습니다.

연구소를 운영하는 후배는 그 폐교의 창고를 집으로 개조해서 살고 있었습니다. 후배는 술을 한잔 하면서 자기가 다니는 학교의 아이들에 관해 이야기했습니다. 그 학교의 아이들은 대부분이 부모가 이혼을 했거나 부모가 어디에 있는지 모른다고 했습니다.

대개 IMF 때 가산이 기울어서 할머니 할아버지에게로 버려진 아이들이라는 겁니다. 그 아이들은 교육 이전에 삶이 무너져 있어서 그런지 아무런 생각도 의욕도 없다고 했습니다. 어찌나 무기력한지 말썽조차 피울 줄 모른다는 것입니다. 수업이 문제가 아니고 무너진 삶을 보듬어 주는 게 필요한데, 교사들도 그런 아이들은 무시하고 막 대한다지 뭡니까?

그래서 연구소와 가까운 학교로 전근을 올 건지, 아니면 그 학교에 계속 머물면서 그런 아이들을 위한 프로그램을 다른 교사들과 함께 진행해 볼 건지 고민 중이라고 했습니다.

그러자 집에 가지 않고 함께 술을 마시던 다른 후배가 자기 학교 이야기를 했습니다. 그 학교는 군 단위에 있는 공업 고등학교인데, 옛날에는 깡패 학교로 유명했다고 합니다.

그런데 지금은 아이들이 너무도 조용하다는 것입니다. 갑자기 모범생이 되었다거나 공부에 열중하느라 그런 게 아니고, 너무 기가 죽고 무기력해져서 떠들지도 않고 말썽도 피우지 않는다는 겁니다.

후배는 그 학교 아이들이 제발 다른 학교 아이들에게 시비도 걸고 말썽도 피워 주었으면 좋겠다고 했습니다. 시비 걸고 말썽 피우는 것도 기가 살아 있고 생각이 있어야 하는 것이잖아요. 그렇게 기가 살아 있고 생각이 있으면 공부를 못 해도 사회에 나가서 나름대로 잘살 거라는 것이지요.

실제로 옛날 깡패 학교 때 졸업생들은 공부는 지지리 못 했어도 사회에 나가서는 다들 잘살고 있는데, 이 아이들은 사회에 나가서 어떻게 살아갈지 염려스럽다는 것이었습니다.

후배들이 다니는 학교 이야기는 단순히 그 학교의 이야기만은 아닙니다. 거의 모든 농촌 학교의 이야기입니다. IMF 때 할머니 할아버지에게 버려진 아이들이 어느덧 중·고등학생이 되어 있습니다. 그 이후에도 부모들의 삶이 나아지지 않아 그대로 있는 것이지요.

그런데 문제는 이러한 소외 계층 지역의 학교 양상이 시간이 지난다고 나아지거나 줄어들지 않을 거라는 사실입니다. 우리 나라의 이혼율이 40%에 육박하고 있다는 통계도 있는데, 그 중의 상당 비율은 아마 경제 문제로 인한 이혼일 겁니다. 그리고 그 이혼 부부의 자녀들은 농촌이나 도시 외곽 지역에 있는 실업계 고등학교에 다니게 되겠지요.

현재의 학교 체제는 이 아이들을 보듬어 주기는커녕 상처만 주게 되어 있습니다. 이 아이들을 보듬어 주기 위해서는 학교 체제가 재구조화될 필요가 있습니다.

OECD에서는 앞으로 가능한 학교의 여섯 가지 형태 중 세 번째로 그러한 역할을 하는 학교 모델을 제시하고 있습니다. 그 내용을 요약하면 다음과 같습니다.

시나리오 2-1 지역 사회 센터로서의 학교

이 모델에서는 학교에 가족과 사회, 지역 사회가 끝없이 작게 나누어지고 파편화되어 나가는 것을 막는 방파제 역할이 기대된다. 학교는 지역 사회와 지역에 존재하는 제 집단의 요구에 의해 그 역할이 정해진다.

이렇게 되면 학교는 지역 사회 단체들, 지역의 전문 조직들, 평생 교육 기관들과 긴밀히 협력하며 지역 주민들의 자녀 교육에 대해 공동의 책임을 지게 될 것이다.

학습과 네트워크 학습은 눈에 보이지 않는 결과들, 가치들, 그리고 시민 정신 등에 더 우선적인 관심을 두면서 범위를 넓혀 갈 것이다. 형식에 매이지 않는 학습에 강조점을 두기 때문에 지역 사회에 다양한 학습 네트워크가 형성되어 학교 교육을 뒷받침하게 될 것이다.

관리와 통치 체제 지역 사회의 요구를 반영해야 하기 때문에 복잡하고 집단적인 관리 체제가 요구될 것이다. 지방 자치체 차원에서 강력한 의사 결정을 하게 되며 사회 문화 인프라가 취약한 곳에서는 국가적 · 국제적 지원을 이끌어 내야 할 것이다.

교사 교사와 교육 전문가를 중심으로 다른 분야의 전문가들, 지역 사회 활동가, 부모 등이 결합한다. 이들 간의 역할 구분은 점차 모호해질 것이다.

학교가 지역 사회의 학교로 탈바꿈하여 지역 사회가 안고 있는 교육적 문제를 지역 사회와 공동으로 해결해 나가는 모델입니다. 위와 같은 형태로 지역의 학교를 재구성해 가려면 지역 주민과 지방 자치체의 강력한 의지가 필요하겠지요.

그렇지 않으면 중앙 집중화된 교육 관료 체제와 이익 집단화된 교육계의 벽을 넘어서기 어렵습니다. 어렵긴 하지만 가족과 사회의 해체 속도가 대단히 빠른 만큼 요구는 커질 것입니다. 의지가 있는 지자체와 지역 주민이 있다면 실험 학교를 운영할 수 있는 정도의 제도적 문은 현재도 열려 있습니다.

)마니아들의 커밍아웃(

부산 근처의 한 사립 고등학교에서 있었던 일입니다. 어느 학교나 그렇지만, 그 학교에도 학교를 밥 먹듯이 빠지고 말썽을 전문적으로 일으키는 아이들 그룹이 있었습니다.

그런데 이 학교의 경우, 교장·교감 선생님은 물론 교사들까지 괜찮은 양반들이어서 아이들에게 동아리방을 만들어 주기로 했습니다. 그 과정에서 이 말썽 전문 그룹 아이들도 브레이크 댄스반을 만들었고, 당연히 동아리방을 배정받았습니다. 그러자 이 말썽 전문 그룹 아이들에게 변화가 일어나기 시작했습니다.

첫 번째 변화는 학교에 하루도 빠지지 않고 나오기 시작한 것이었습니다. 물론 브레이크 댄스를 추러 나오는 거지만, 어쨌든 학교를 빠지는 일은 없어졌습니다. 두 번째 변화는 학교 행사나 학교 밖 행사에 초청되면서 이 아이들이 학교 사회 내부에 나름대로 자긍심을 가지고 건강하게 자리를 잡았다는 겁니다.

세 번째 변화는 이 아이들이 학과에도 흥미를 가지고 공부를 하기 시작했다는 겁니다. 물론 이 아이들의 늦게 시작한 공부가 얼마나 성과를 낼지는 미지수지만, 학과 공부의 성공 여부와 상관 없이 이 아이들은 사회에 나가 잘살 것입니다.

자기가 관심 갖고 있는 것을 잘 하기 위해 땀도 흘려 보았고, 그 땀의 결실을 다른 사람들에게 인정도 받아 보았으며, 그것을 통해 자기 변화도 이루어 보았으니까요. 그 정도의 교육이면 어디서나 어떤 상황에서나 열심히 잘살지 않겠습니까? 안목이 있는 대학이라면 교과 점수가 낮더라도 이런 아이를 뽑을 겁니다.

요즘 아이들은 마니아적 속성을 가지고 있습니다. 자기가 관심을 가지는 것에 대해서는 굉장히 열심일 뿐 아니라 놀랄 만한 능력을 보입니다. 이 마니아적 속성은 요즘 아이들의 삶에 대한 열의와 땀을 이끌어 낼 수 있는 성감대와 같습니다. 자기가 관심을 갖는 것이 공적으로 허용되고, 또 그것에 기울인 노력이 인정을 받으면 삶에 대한 열의가 한없이 커져서 아이를 놀랄 만하게 변화시키지요.

그런데 불행히도 우리의 교육 현실은 아이들의 이 마니아적 속성을 억압하고 있습니다. 아이들은 마니아가 아니라 입시 검투사로서 살 것을 요구받습니다. 신분 상승의 외줄 사다리에서 더 높이 올라가도록 점수 따기 경쟁이 강요됩니다.

검투사로서의 삶에는 마니아적 속성이 방해가 될 뿐이지요. 그래서 자기가 관심을 갖는 것에 시간을 쓰는 것을 들키면 머리를 한 대 얻어맞을 일이 되고 맙니다. 자연히 자신의 관심 사항은 숨어서 하는 사적인 것이 되고 매우 협소하게 왜곡되다가 시들어 버립니다.

그런데 문제는 그 아이의 마니아적 능력만이 시드는 게 아니라 그 아이의 인생까지 함께 시든다는 겁니다. 민감한 청소년기에 자기의 중요 관심사에서 크게 좌절한 아이가 과연 삶에 대한 열의를 가질 수 있을까요?

더 큰 문제는 지금 아이들의 마니아적 요구가 실제로는 변화하는 미래에 아주 합당한 것이라는 사실입니다. 아이들의 마니아적 요구는 매우 협소한 것 같지만, 일찍부터 진로 지도가 제대로 이루어지고 폭을 넓혀 주는 노력을 하면 지식 기반 사회를 살아갈 능력으로 발전할 수가 있습니다.

요즘 아이들의 학교 교육에 대한 요구는 '하고 싶은 일을 할 수 있도록 학교가 도와 주었으면 좋겠다.'는 것인데, 이것만큼 미래 사회에 합당한 요구가 어디 있습니까? 어쩌면 아이들의 마니아적 속성은 지식 기반 사회로의 변화가 아이들에게 반영된 결과입니다.

지능이 딸리는 공룡처럼 전통적인 인력들은 더 재주 많은 이들에 의해 멸종당할 위기에 놓였다. 우리는 이제 제3의 산업 혁명기에 도달했다.

첫 번째 혁명의 파도는 증기 기관이었다. 두 번째는 분업이었다. 세 번째 혁명은 컴퓨터 기술과 정보 시대이다. 세 번째 파도는 생존 방식을 완전히 바꾸어 놓게 될 것인데, 이는 이 시기 동안에 전체 고등학생의 60%에 해당하는 인력이 현재는 아직 존재하고 있지 않은 직종에 종사하게 될 것으로 추정되기 때문이다.

— 미국 클린턴 행정부, 〈학교에서 직업 세계로의 전환을 돕기 위한 법〉 중에서

기성 세대의 고정 관념이 되어 있는 '사회·경제적 신분 상승을 위한 외줄 사다리'로서의 학교 교육은 바로 위에서 말하는 전통적 인력을 양성해 내는 학교 교육을 말하는 것입니다. 아이들에게 입

시 검투사이기를 요구하는 것은 미래적 요구와 능력을 죽이고 공룡처럼 사멸해 가는 전통적인 인력이 돼라는 뜻입니다.

그래서 이제 엄청난 사교육비를 들여서 대학을 졸업시킨 아이들이 판판이 놀고 있습니다. 불황인 이유도 있지만 큰 이유 중 하나는 직업 사회의 요구로부터 학교 교육이 크게 괴리되어 있기 때문입니다.

그러니 이제 입시 검투사가 돼라는 요구 때문에 버려져 온 지금 아이들의 마니아적 요구와 능력을 커밍아웃해 봐야 하지 않겠습니까?

)그게 나하고 무슨 상관이야?(

앞에서 나는 지금 학교 교육의 가장 큰 문제로 지식의 목적이 사라진 점을 지적했습니다. '교과서 지식이 인류 문화의 정수를 압축해 놓은 것이고, 그렇기 때문에 인간이면 누구나 배워서 알아야 한다.'는 식의 학교 지식의 권위를 기성 세대들은 받아들였습니다. 이 권위를 받아들였기 때문에 교과서 지식을 얼마나 암기했느냐를 가지고 서열을 매기는 것도 군말 없이 받아들였지요.

요즘의 아이들은 학교 지식의 권위를 받아들이지 않습니다. 교과서 지식이 인류 문화의 정수를 모아 놓은 것이라는 사실을 믿지도 않고, 그게 사실이라고 하더라도 "그게 나하고 무슨 상관이야?"라고 생각합니다.

이 권위를 받아들이지 않기 때문에 교과서의 지식을 암기하는 능력으로 서열을 매기는 것도 마음속으로는 받아들이지 않고 있습니다. 점수를 잘못 받으면 인생이 꼬인다니까 할 수 없이 하긴 하지만 속된말로 참 재수없다고 생각하는 것이지요.

이렇게 기왕에 있던 지식의 목적은 붕괴되어 버렸는데, 아이들의 변화에 맞는 새로운 지식의 목적은 주어지지 않고 있습니다. 당연히 수업이 안 되고 교실 붕괴가 이야기될 수밖에 없는 것이지요.

옛말에 "물 먹기 싫어하는 소를 억지로 물가로 끌고 갈 수는 없다."는 말이 있지요. 요즘의 학교는 물 먹기 싫어하는 소를 억지로 물가로 끌고 가려는 꼴과 같습니다. 억지로 먹이는 물이 아이들에게 도움이 될 리 없지요. 그러지 않아도 예민할 대로 예민해져 있는 청소년기의 아이들에게 무언가를 그렇듯 억지춘양으로 시킨다는 건 삶에 대한 열의를 죽여 놓는 결과밖에 나오지 않습니다.

이제 아이들의 변화에 맞는 새로운 배움의 목적을 주어야 합니다. 그렇지 않으면 우리 사회엔 미래가 없습니다. 사실 이것은 우리 나라만의 문제가 아닙니다. 세계 각국에서 행해지는 교육 개혁의 초점도 아이들에게 어떤 식으로 새로운 지식의 목적을 부여할 것인가로 모아지고 있습니다.

개인적으로는 미국을 모델로 이야기하는 것을 몹시 싫어합니다만, 클린턴 행정부 교육 개혁에서 예를 들겠습니다. 클린턴 행정부의 교육 개혁이 이 문제에 초점을 맞추어 봤을 때 성공한 예에 해당하기 때문입니다.

문제 1. 미국 생산력을 증대하기 위해 요구되는 잘 교육받은 노동력을 배출하는 과정에 두 가지 문제가 있다. 학생들이 성취해야 할 명확한 기준의 결핍, 그리고 학생들이 학교에서 열심히 공부해야 할 동기의 결핍, 학생들이 학교를 졸업한 후 직업을 가지게 된다는 것이 열심히 공부해야 할 동기가 거의 되지 못하는 이유는 학생들이 학교에서 열심히 공부해야 한다는 사실과 졸업 후 가지게 될 직업의 종류 사이의 관련성을 거의 인식하지 못하고 있기 때문이다.

—미 클린턴 행정부, 〈미국의 선택 : 고급 기술인가, 저임금인가?〉 중에서

　　교육 개혁을 추진하는 문제 의식이 구체적이고 초점이 명확합니다. 문제 의식이 구체적이고 초점이 명확하다는 것은 현장감이 있다는 뜻입니다. 이른바 학교 현실에서 버려지고 있는 것들을 커밍 아웃하는 데서부터 교육 개혁을 출발시키고 있다는 얘기지요.

　　클린턴 행정부의 8년 간에 걸친 교육 개혁이 성공한 이유는 이 문제 의식의 구체성과 정확성 때문이었던 것 같습니다. 역량이 초점을 향해 정확하게 집중되어 학교 현실에 구체적인 변화를 일으키는 데까지 나가가지요. 그 예로 미국 과학 교과서의 한 페이지를 살펴보겠습니다.

　　교육 개혁에서 가장 우선적이었던 '학교 공부와 직업 세계와의 연관성을 알게 함으로써 배움의 목적을 갖게 해야 한다.'는 문제 의식이 교과서 내용으로 구체화되어 있음을 볼 수 있습니다.

❖ 미국 과학 교과서에서 단원 내용과 직업 진로를 연관시킨 예

1. HOLT SCIENCE & TECHNOLOGY사의 《PHYSICAL SCIENCE》

2. DK출판사의 진로 관련 목차, 《PHYSICAL SCIENCE》

Careers in Science

Consider a variety of occupations that apply science.

• 과학 교과서의 경우, 각 단원마다 관련 직업의 종류를 상세하게 소개하고 있다.
• 진로 관련 교육 과정이 전면적으로 도입되어 있다.

제5장 사고의 대전환기, 버려진 것들의 커밍아웃

)직업 교육과 진로 교육은 전혀 다르다(

　학교 교육과 직업 세계와의 연관성을 알게 함으로써 아이들에게 새롭게 배움의 목적을 주어야 한다고 이야기하면 당장 반론이 나올 수 있습니다.

　그러면 모든 학교를 직업 학교로 만들자는 것이냐는 등, 아이들이 넓은 교양을 쌓지 못하고 실용적인 공부만 해서 편협해질 수 있지 않겠느냐는 등, 반론이 있을 수 있겠지요. 그러나 이러한 반론은 과거 산업 시대형의 직업 교육에 대한 고정 관념에서 비롯된 것입니다.

　직업 교육은 산업 시대의 개념입니다. 산업 시대에는 대개 한 사람이 평생 하나의 직업을 가지고 살았습니다. 그 직업의 성격도 창의성이 계속 요구되기보다는 일정한 지식과 기능이 요구되는 규격화된 것들이었지요. 그렇기 때문에 산업 시대에서 직업을 준비하는 교육은 하나의 직업과 관련된 규격화된 지식과 기능을 익히면 되는 것이었습니다.

　이러한 산업 시대형 직업 교육 학교가 아직도 남아 있는 것이 공업 · 상업 · 농업 고등학교와 같은 실업계 고등학교들입니다. 이 실업계 고등학교들은 산업 시대에는 필요해서 만들었는데, 지금의 지식 기반 사회와는 맞지 않아서 심각한 문제로 대두되고 있습니다.

　교육 개혁에서 이야기하는 학교 교육과 직업 세계와의 연관성은 진로 교육을 이야기하는 겁니다. 진로 교육은 지식 기반 사회의 개념입니다. 지식 기반 사회에서는 한 사람이 평생 한 가지 직업을 가지고 살지 않습니다. 여러 가지 직업을 가지고 살게 되어 있지요.

그리고 그 직업의 성격도 폭 넓은 지식과 창의성을 요구합니다. 진로란 것은 그렇기 때문에 어떤 하나의 직업을 가리키는 말이 아닙니다. 한 사람의 직업과 관련된 인생 행로 전체를 가리키는 말이지요.

진로 교육은 어떤 하나의 직업을 준비시키는 교육이 아니라 그 아이의 직업과 관련된 인생 행로 전체를 준비시키는 교육입니다. 그러니 진로 교육이 폭 좁고 규격화된 지식과 기능을 가르치는 거라고 생각한다면 크나큰 오해입니다. 진로 교육은 오히려 학교 지식 전반에 새롭게 목적을 주고, 그 목적에 따라 학교 지식을 재구성하는 교육의 원리로 보는 게 타당합니다.

직업 교육과 진로 교육의 차이는 우리 나라의 진로 관련 사이트 내용과 미국의 진로 관련 사이트 내용을 비교해 보면 잘 알 수 있습니다.

우리 나라의 진로 관련 사이트는 직업 교육의 개념을 바탕으로 구성되어 있습니다. 해당 직업을 준비하는 데 필요한 지식 기능이 그 직업과 직접 관련되는 내용으로 협소합니다. 하나의 규격화된 직업에 필요한 규격화된 지식 기능을 제시하고 있죠.

미국의 진로 관련 사이트는 진로 교육 개념을 바탕으로 구성되어 있습니다. 필요로 하는 지식 기능의 리스트가 굉장히 길고, 학교 교육의 전 지식 영역을 포괄하고 있습니다.

예컨대 화학자가 되기 위해 필요한 지식 기능에 언어 의사 소통 능력이 100을 최대치로 할 때 80% 정도 요구되고, 문학 작품 감상 능력은 70% 정도 요구된다는 식으로 말입니다.

그러니까 여기서는 화학자와 같은 진로 영역이 지식 기능 전반에 목적을 주는 원리로 작용하고 있는 겁니다. 미국 진로 사이트가 이렇게 진로 교육 개념을 바탕으로 구성된 것도 클린턴 행정부 교육 개혁의 결실이라 할 수 있습니다.

요즘 아이들의 마니아적 요구와 능력을 우리 미래 사회의 동력으로 건강하게 키워 내는 길은 진로 교육 개념을 교육의 원리로서 학교 교육에 전면화하는 것입니다. 이제까지 버려져 왔던 아이들의 마니아적 속성을 커밍아웃하여 학교 지식에 새롭게 목적을 주자는 것이지요.

)아이들의 꿈을 키워 주는 학교(

아이들의 마니아적 요구와 능력을 우리 미래 사회의 동력으로 건강하게 키워 내기 위해 구체적으로 어떻게 해야 할까요? 구체적으로 어떻게 진로 교육 개념을 교육의 원리로 학교 교육에 전면화할 수 있을까요?

사실 김영삼 정부 때 교육 개혁 위원회에서 제시한 5 · 31 교육 개혁안과 제7차 교육 과정도 진로 교육에 대한 문제 의식을 중심에 두고 있었습니다.

그런데 문제는 그 문제 의식이 추상적이고 초점이 분명하지 못했던 것이지요. 문제 의식이 추상적이고 초점이 모호하다는 것은 교육 개혁을 위로부터 관료적으로 접근해서 현장감이 없다는 얘깁니다. 그 결과, 몇 가지 문제점이 지적되고 있습니다.

초등학교 과정

진로에 대한 인식이 없는 단계여서 교육 개혁을 주로 지식 구성 방식과 교수-학습 방법의 개선 문제로 접근, 일정 정도의 성과를 거두었다. 진로 인식기에 해당하는 5, 6학년의 경우는 진로 교육이 형식화되었다. 직업 세계에 대한 체험 활동을 강화하고 교과 내용과 직업 세계를 연관시켜야 하는 과제를 안고 있다.

중학교 1학년~고등학교 1학년 과정

진로 모색기. 진로 교육 개념을 교과 영역까지 교육의 원리로서 전면화하여 교육 활동의 중심에 끌어들이지 못하고 특별 활동, 재량 활동 등 외곽의 활동으로 배치하였다.

또한 학교 단위의 재량권이 없고 학교 운영이 경직되어 있어 아이들의 다양한 활동이 어려웠다. 이러한 결과로 진로 교육 개념은 완전히 허구화되었다.

고등학교 2~3학년 과정

진로 결정기. 제7차 교육 과정에서 진로별 선택 교과 과정으로 바뀌었다. 그러나 선택 교과의 교육 과정을 국가 단위에서 세목까지 모두 정하고 교과서도 검인정으로 국가에서 관리하는 획일적 체제에서는 선택의 의미라는 게 없다.

또한 학교 단위의 자율성이 주어지지 않은 상태에서 제한된 교사 인력을 가지고 교과목을 감당해야 하기 때문에 학생들의 자유로운 선택이란 사실상 불가능하다. 게다가 고등학교는 수능 시험에 맞추어 교과 수업을 운영하기 때문에 수능 시험과 상관 없는 교과 시간에는 수능 과목을 공부하는 식의 왜곡이 나타난다.

사실은 위에 밝혀 놓은 것처럼 복잡하게 따지고 자시고 할 필요도 없는 것이지요. 여러분들이 느끼는 그대로입니다. 그래도 초등학교 때는 아이가 숨을 쉴 만한 것 같은데 중학교에 들어가고부터는 기가 죽어 숨도 못 쉬지 않습니까? 이런 현실을 두고 설마 중·고등학교에서 진로 교육이 참 잘 되고 있으며, 아이들의 특기와 취미가 잘 살려지고 있다고 얘기할 사람은 아무도 없겠지요?

그런데 불행히도 이 설마에 해당하는 사람들이 많이 있습니다. 그것도 교육 정책을 좌지우지하는 교육부에 많이 있으니 문제지요.

제7차 교육 과정은 1997년부터 시행에 들어갔는데, 지금 교육 과정 개정 작업을 시작한다 해도 아무리 빨라야 2008년에 제8차 교육 과정이 시작될 수 있습니다. 최대한 서둘러 개정 작업을 진행한다 해도 제7차 교육 과정이 11년 간 쓰이는 셈이지요.

제6차까지의 교육 과정 개정 주기는 평균 5년 정도이고, 가장 늦은 경우가 8년이었습니다. 그런데 지식 기반 사회에서는 과거 산업 사회에서 10년 동안 일어날 변화가 1년 만에 일어난다고 하지 않습니까? 이 사회 변화의 속도를 감안하면 제7차 교육 과정은 개정 작업을 빨리 진행해도 110년 간 유지되는 셈입니다.

교과서 제도의 경우는 더 심하지요. 노태우 정부 때 국정 교과서를 일부 검인정 교과서로 전환한 뒤, 이른바 민주화되었다는 문민 정부, 국민의 정부를 거쳐 참여 정부에 이르기까지 아무런 변화가 없었습니다. 아무리 빨리 제도를 바꿔도 새 교과서는 2008년에나 쓰이니까 15년 간 아무런 변화 없이 온 겁니다. 사회 변화 속도를 감안하면 150년 간 변화 없이 온 셈이지요.

110년 간 교육 과정에 아무런 문제가 없다면서 손도 대지 않았는데, 교실에선 수업이 거의 안 될 정도로 사태가 악화되어 있습니다. 150년 간 "우리 제도는 정말로 훌륭해!"라고 믿어 왔는데, 교실 뒤의 쓰레기통은 발기발기 찢어서 버린 교과서로 넘쳐납니다.

이를 보다못한 교육 개혁 기구에서 늦으나마 교육 과정안을 마련했지만, 별 이유 없이 잡혀 있던 보고 일정이 없어져 버리고 말았습니다. 그리고 나서 얼마 뒤, 까마귀 날자 배 떨어진 격인지 교육부에서 교육 과정과 교과서를 손보겠다고 나섰습니다. 그 움직이는 속도로 봐서는 150년이 걸릴지 200년이 걸릴지 알 수가 없지만요.

그건 그렇고, 아이들의 마니아적 요구와 능력을 건강하게 살려서 미래 사회의 동력으로 만들어 낼 수 있는 학교의 모습은 과연 어떤 걸까요? 뒤쪽에 있는 표를 보면서 설명하겠습니다.

❖ 지향하는 학교의 상

비전	• 삶의 질 향상 • 지식 기반 사회형 인력 양성

지향하는 학교의 상 (일반형)	학년	학습 활동		
		오전 수업	오후 수업	진로 담임 활동
	11~12학년	진로별 선택 교과 과정 (1~5교시)	자유 선택 교과 및 교양 전공 선택 (6교시)	진로 계발 활동
	7~10학년	기본 교과 과정 (1~4교시)	진로별 교과 심화 과정 (5교시)	진로 계발 활동

정책 수단	교육 과정과 교과서	학교 구조	평가 체제	대학 학생 선발 제도

	• 학문 중심 교육
	  과정 개편
	• 진로 개념 전면
	  도입
	• 국가 교육 과정
	  대강화
	• 지역, 학교 자율
	  확대
	• 진로 매뉴얼 개발
	  보급
	――――
	• 국정의 검인정화
	• 교과서 내용에
	  진로 개념 도입
	• 교과서 고급화
		• 학년(초등),
		  교과(중등) 중심
		  체제로 전환
		• 진로 담임제 도입
		• 행정 전담 교사
		  배치
		• 교사 전문성 강화
		• 진로 계발 활동에
		  학부모, 지역 사회
		  전문가 참여
			• 교사 자율적
			  평가권 보장
			• 국가 스탠더드
			  개발로 질 관리
			• 진로 계발 활동은
			  진로 담임이 평가
			  기록
				• 평가 체제 충실히
				  반영

〈교육 과정 및 교과서 이외의 분야는 참고 사항〉

우선 표의 맨 오른쪽 위에 '진로 담임'이란 말이 보이지요? 현재의 학교에는 학급 담임과 교과 담임밖에 없습니다. 교과 담임은 학생들의 교과 학습 지도를 책임지고, 학급 담임은 학생의 학급에서의 생활을 지도하는 책임을 집니다.

진로와 관련되는 특별 활동이나 특기 적성 교육은 교사들이 그때그때 나누어 맡습니다. 무슨 전문성이나 관심이 있어서가 아니라 수업 시간이 적은 순서로 나이가 적은 순서로 적당히 나눕니다. 그러니 형식화되고 허구화될 수밖에 없지요.

그래서 학교에서의 학생들의 생활을 교과 활동, 학급 활동, 진로 활동으로 나누고 각 활동의 지도를 책임지는 세 담임을 두자는 겁니다. 이렇게 진로 관련 활동을 교육 활동의 중심축의 하나로 위상을 높이고 공식화하지 않으면 진로 관련 활동은 주변적 활동으로 떨어져 형식화되고 허구화됩니다.

진로 담임은 그 진로와 관련되는 교과의 교사가 맡을 수도 있고, 학부모 중 해당 전문가가 보조로 혹은 전적으로 맡을 수도 있으며, 학교에서 초빙한 외부 전문가가 맡을 수도 있습니다. 아이들은 입학을 하면 자기 관심 분야에 따라 진로 담임을 정합니다. 물론 관심 분야가 바뀌면 진로 담임을 그에 따라 바꿀 수 있습니다.

진로 담임은 아이들이 진로와 관련한 수월성을 키워 나가도록 지도하고 평가하여 기록합니다. 진로 담임이 맡는 진로 계발 활동의 내용은 국가 단위에서 특별 활동과 특기 적성 교육 식으로 정하지 않고 학교 단위에 자율성을 줍니다. 다만 최소 시간에 대한 기준이나 풍부한 활동을 유도하기 위한 유형의 예시 정도는 필요하겠지요.

예컨대 동아리 활동처럼 할 수도 있고, 실제로 관련 직업에 대한 체험 학습을 할 수도 있으며, 대학의 관련 학과에서 교양 수준의 강좌를 들을 수도 있습니다. 진로 담임이 기록한 아이의 진로와 관련한 지적·정서적 발달 과정은 대학 입학에서도 중요하게 평가되어야 합니다. 대학에서는 심층 면접이나 심층 에세이를 통해 그 진실성 여부를 확인할 수 있겠죠.

이번에는 7~10학년을 보십시오. 1~4교시는 기본 교과 과정으로 되어 있고, 5교시는 진로별 교과 심화 과정으로 되어 있습니다.

현재는 교과서의 내용이 단원마다 기본 과정, 보충 과정, 심화 과정으로 나누어져 있습니다. 기본 과정은 공통으로 다 하구요. 그 뒤에 좀 떨어지는 아이는 보충 과정을 하고, 좀 나은 아이는 심화 과정을 하라는 것입니다. 그런데 보충과 심화가 우열 개념이다 보니까, 아이들로선 그런 식으로 나누고 싶어하지 않지요.

게다가 우리의 학교 여건이 그렇게 한 학급에서 수준별로 나누어 가르치기가 쉽지 않습니다. 결국 모든 아이들이 기본 과정, 보충 과정, 심화 과정을 일제 수업으로 배우고 있지요. 그래서 제7차 교육 과정으로 접어들면서 학습량이 왜 이렇게 많아졌느냐고 아우성입니다. 참으로 웃지 못할 일입니다.

그래서 현재의 기본 과정과 보충 과정은 하나로 뭉뚱그려 학습량을 최소화한 뒤, 그것을 기본 과정 교과서로 만드는 것입니다.

심화 과정은 더 보완해서 별도의 심화 과정 교과서로 만들자는 것이구요. 수학을 예로 들면, 기본 과정 수학책과 심화 과정 수학책이 따로 있는 셈이 되지요.

1~4교시 기본 교과 과정에서는 모든 아이들이 국가에서 정한 교과의 기본 과정 교과서를 배웁니다. 그리고 5교시에는 우열에 따른 선택이 아니라 진로 희망에 따라 관련 교과의 심화 과정을 듣습니다.

예컨대 의사가 되고 싶은 아이는 수학과 과학의 심화 과정을 선택해 듣고, 국문학자가 되고 싶은 아이는 국어와 사회의 심화 과정을 선택해 듣는 식으로 말입니다. 그리고 5교시 이후에는 진로 담임의 지도에 따라 자유롭게 진로 관련 활동을 하는 것이지요.

11~12학년을 보도록 하겠습니다. 1~5교시는 진로별 선택 교과 과정으로 되어 있고, 6교시는 자유 선택 교과 및 교양 전공 선택으로 되어 있습니다.

현재의 고등학교 2, 3학년 진로별 선택 교과 과정은 납득이 안가는 과목이 너무도 많습니다. 국어 영역의 경우 문학, 문법, 화법, 작문, 독서 등으로 선택 교과가 늘어져 있는데, 인문계로 진학할 아이라고 해서 이 과목을 다 들어야 하는 것인지 정말로 납득이 되질 않습니다.

아이들을 위해서라기보다는 사범 대학에 그 과목을 전공하는 교수들이 있어서 어쩔 수 없이 만들어진 교과들이 많이 있지요. 그러니까 아이들의 입장에서 불필요한 과목은 대폭 없애서 과목 수를 최소화하자는 것입니다. 그러면 1~5교시 정도로 소화할 수 있지 않겠느냐는 것이지요. 이 1~5교시에는 국가가 정한 최소화된 진로별 선택 교과들을 배웁니다.

6교시 자유 선택 교과 및 교양 전공 선택은 완전히 학교 단위 자율로 개설하는 과목입니다. 자유 선택 교과는 희망하는 학생이 있는 경우는 미용 과목을 개설할 수도 있고, 방송극 창작도 개설할 수 있습니다. 교양 전공 선택은 진로와 관련한 수월성을 키워 주기 위한 강좌입니다. 능력이 되고 희망하는 학생이 있으면 해당 진로의 대학 일반 전공 수준의 강좌를 개설하는 겁니다. 이 강좌의 경우는 국가에서 기준을 정해 평가하고, 그 평가에 통과하는 경우 이후 대학의 학점으로 인정할 수도 있는 겁니다.

대학 입학 사정에서도 이 교양 전공 강좌 학점을 많이 따 오는 학생은 우수 학생으로 평가받겠지요. 그리고 우수 명문 고등학교의 개념도 수능 점수를 잘 따게 하는 학교에서 이 교양 전공 선택 과목을 많이 개설한 학교로 바뀔 겁니다.

어떻습니까? 이 정도면 지금 아이들의 마니아적 요구와 능력을 최소한이나마 건강하게 키워 주는 학교의 모습이지 않겠습니까?

)그거야 확률인데 어쩌겠어?(

마산에 사는 친구가 놀러 오라고 전화를 했습니다. 바쁘다는 핑계를 대면서 발을 뺐더니, 기가 막히게 복지리를 잘 하는 집이 있으니 맛을 보러 오라더군요. 그래서 못 이기는 척 내려가 보았습니다. 정말로 맛이 기가 막히다는 그 복집에 데려가서 복지리를 사주었습니다.

"맛있지?"

그 친구가 물었습니다. 특별히 맛있다고 하기보다는 좀 독특한 맛이 나더군요.

"어떻게 해서 이런 맛이 나는 거야?"

나의 물음에 친구는 회심의 미소를 지으면서, 무슨 1급 비밀이라도 되는 양 귀에 대고 속삭였습니다.

"복어 알의 독을 조금 넣거든."

"복어 알, 그거 잘못 먹으면 죽는 거잖아?"

"조금만 넣으면 괜찮아."

"얼마나 넣으면 되는지 어떻게 알아?"

"그러니까 기술이지. 너무 조금 넣으면 맛이 안 나고 조금만 더 넣으면 사람이 죽을 수도 있고. 그건 뭐 저울로 잴 수도 없고 경험을 통해 얻은 감각으로 하는 거야. 그거 잘 하는 주방장이 일류인 거지. 그 맛을 아는 사람은 다른 집 복은 못 먹거든. 월급도 엄청 세게 받아."

"그래도 그거 사람에 따라 다른 거 아냐? 약한 사람은 조금의 양에도 다칠 수도 있잖아."

"그거야 확률인데 어쩌겠어?"

그런데 미국에서 이 이야기와 비슷한 독극물 법률 논쟁이 벌어진 적이 있습니다. 미국의 옛날 법에는 독극물을 이러저러한 유독성 물질을 포함하고 있는 것이라고 규정하고 있었습니다. 그러니까 독극물인가 아닌가를, 유독성 물질이 있느냐 없느냐라는 질적 차이로 판단한 것이지요.

그런데 과학 기술이 발전하여 아주 극소량의 물질까지 측정할 수 있게 되자 이 법률 조항이 문제가 되었습니다. 이 법률 조항이 만들어질 때는 측정 기술이 덜 발달해서 일정량의 유독성 물질이 포함되어 있어야 포착이 되었고, 그 정도의 유독성 물질을 가진 물체는 아주 제한적이었습니다.

그런데 측정 기술이 발달하다 보니까 거의 모든 물체가 이 유독성 물질을 극소량이지만 가지고 있다는 걸 알게 되었지요. 심지어는 사람들이 주식으로 하는 밥이나 빵 속에도 미미하지만 유독 물질이 들어 있었습니다.

이론상으로 따지면 일정량의 밥을 한꺼번에 먹게 되면, 그 유독성 물질이 치사량에 이르러 죽을 수도 있다는 결론이 나옵니다. 그 법률 조항을 그대로 두면 빵이나 밥까지도 꼼짝없이 독극물이 될 판이었지요.

그래서 독극물을 어떻게 새로 규정할 것인가에 대해 논란이 일어났습니다. 논란 끝에 대강 "독극물은 유독성 물질이 있느냐 없느냐의 질적 차이에 의해 규정될 수 없고, 얼마나 많은 양의 유독성 물질을 가지고 있느냐에 의해 규정된다."라는 쪽으로 의견이 모아졌습니다.

그러자 이번에는 유독성 물질의 양이 얼마만큼 포함되어 있는 걸 독극물로 할 것인가가 논란거리로 떠올랐습니다. 사람마다 그 유독성 물질에 반응하는 것이 다른데, 도대체 무엇을 기준으로 양을 정해야 하는 건지 참 난감한 일이었지요.

오랜 시간의 격렬한 논쟁 끝에 결국 확률의 문제로 결론이 났습니다. 사람에게 해를 끼칠 확률이 어느 정도 함유되어 있느냐를 기준으로 잡을 수밖에 없다는 것이었습니다.

사실은 이 독극물에 대한 법률 논쟁 속에 양자 역학 이론의 핵심이 들어 있습니다. 양자 역학 이론이 등장하기 전까지 자연 과학에서 버려지고 있었던 중요한 문제 중의 하나는 양입니다.

양자 역학 이전의 과학 이론들은 질적 차이와 법칙성을 찾고 연구하는 것을 자기 임무라고 생각했습니다. 그런데 과학 기술이 발달하면서 위의 독극물의 예와 같이 질적 차이라고 생각했던 것들이 양적 차이일 뿐임이 드러났습니다.

이제까지 모든 것이 법칙에 따라 움직인다고 생각했는데, 과학 기술이 발달함에 따라 법칙에 어긋나는 예외들이 법칙에 맞는 것보다 비교할 수 없이 많다는 게 밝혀졌습니다.

그래서 법칙의 문제가 확률의 문제로 바뀌게 되었지요. 자연 과학은 양자 역학 이론의 등장을 분기점으로 정답과 법칙의 세계에서 정답이 없는 확률의 세계로 바뀌었습니다. 그러니 사회 현상이나 인간의 정신 현상이야 물어 무엇하겠습니까?

자, 그런데 중요한 것은 바로 우리 아이들이 이 정답 없는 확률의 세계를 살고 있다는 것입니다. 그리고 우리 기성 세대는 정답이 있는 법칙의 세계를 살아왔고, 그 정답의 세계에 매우 익숙해져 있다는 것입니다.

조금만 돌이켜 생각해 보십시오. 우리가 얼마나 많은 정답 속에서 살아왔는지 금방 알 수 있습니다. 미국을 모델로 해서 열심히 좇아가면 우리도 미국처럼 선진국이 될 수 있다는 정답, 좌파에선 자본주의가 스스로의 모순에 빠져서 망하고 공산주의라는 유토피아에 도달할 것이라는 정답, 민족이나 국가를 위해서라는 정답, 가족을 위해서라는 정답, 인류 문화의 정수를 모아 놓았다는 교과서의 무수한 정답들……

이렇듯 정답에 익숙한 우리 세대에겐 진정한 민주주의란 있으면 좋지만 없어도 어쩔 수 없는 그 어떤 것이었는지도 모릅니다.

그러나 요즘의 아이들에겐 그렇지 않습니다. 요즘 아이들에게 민주주의는 없어선 안 되는 삶의 기술이며 공기와 같은 것입니다. 생각해 보십시오. 정답이 없는 확률의 세계에서 위험을 줄이는 유일한 방법은 무엇입니까? 그것은 많은 경우의 수를 모아서 가장 위험성이 낮은 확률을 선택하는 겁니다.

요즘 아이들은 탈권위적입니다. 우리가 학생일 때는 선생님들이 무서워 교무실에 가는 걸 무척 꺼려했지요. 그런데 지금은 여름이 되면 교무실에 아이들이 바글바글합니다. 교무실의 에어컨이 시원하니까 바람 쐬러 오는 것입니다.

요즘의 아이들의 욕구는 굉장히 다양합니다. 참 천차만별의 생각 속에 살고 있지요. 그것이 바로 이 정답 없는 확률의 세계를 살아가는 아이들의 특성입니다.

이 아이들에게 가장 중요한 것은 서로의 다양성과 차이를 인정하면서 합의를 만들어 내는 민주주의의 기술입니다. 정답이 없기 때문에 최대한 다양하고 많은 의견을 모아 가장 가능성이 큰 확률을 만들어 내는 수밖에 없는 겁니다.

그런데 지금 우리의 학교는 어떻습니까? 아이들이 공기와도 같은 민주주의의 기술을 익히는 걸 철저히 막고 있습니다. 동아리방은 고사하고 학생회실 하나 없는 학교, 아이들의 자기들끼리의 공간이 화장실밖에 없는 학교, 하나의 정답에 따르라고 강요하는 국정 교과서, 검인정 교과서…….

적어도 이것만큼은 바꿔 줘야 하지 않을까요?

)버려진 학교들(

어느 학교에서 임시직 기사를 뽑을 때의 일입니다. 옛날말로 하면 소사지요. 젊은 사람들이 많이 응시를 해서 경쟁이 아주 치열했습니다. 거의 모두가 4년제 대학을 졸업한 사람들이었습니다.

교장 선생님은 고민이 많았습니다. 경쟁이 치열하다 보니까 누구나 승복할 수 있는 객관적 기준을 세워서 사람을 뽑아야 뒷말이 없을 테니까요. 그런데 마땅한 방법이 떠오르지 않는 겁니다.

그래서 고민에 고민을 거듭하다가 한 가지 방안을 생각해 냈습니다. 진짜로 그 방법으로 사람을 뽑았더니 아무런 뒷말이 없었다고 하더군요. 그렇다면 이 교장 선생님이 생각해 낸 그 신통한 방법이 무엇이겠습니까?

전기를 만지는 기술이나 물건을 고치는 기술을 보았을 거라구요? 아닙니다. 누가 힘이 가장 센지를 시험해 보았을 거라구요? 그것도 아닙니다. 교장 선생님은 우선 학력을 기준으로 삼아 소수의 고등학교 졸업자들을 제외시켰습니다.

그런 다음 영어 토플 시험 점수로 사람을 뽑았습니다. 영어 교사를 뽑는 것도 아니고 외국인 학교의 기사를 뽑는 것도 아닌데, 대학 졸업자에 토플 시험 점수까지 보고 사람을 뽑다니 참으로 어처구니가 없지요?

하지만 이것이 웃을 수도 없고 울 수도 없는 우리의 현실입니다. 왜 이런 어처구니없는 일이 일어나게 된 것일까요? 그건 우리 사회 하층의 교육적 소외가 부메랑이 되어 돌아온 결과입니다. 언뜻 이해가 잘 안 되지요? 자, 그러면 지금부터 왜 그것이 부메랑인지를 한번 곰곰이 따져 봅시다.

우리 사회가 온통 대학 입시의 미세한 게임의 법칙 변화에 촉각을 곤두세우고 있는 동안에 관심 밖으로 더더욱 멀어지는 학교들이 있습니다. 공고 · 상고 · 농고 등의 실업계 고등학교, 대학 중에서도 전문 대학들이 그것들입니다.

대학 입시의 미세한 게임의 법칙 변화는 주로 4년제 대학의 문제이고, 서로 치열하게 경쟁하고 있는 중산층과 중간층 상층부의 문제입니다. 이에 반해 공고 · 상고 · 농고 등의 실업계 고등학교와 전문 대학의 문제는 우리 사회 하층의 문제입니다.

중산층과 중간층 상층부의 여론에 대한 영향력이 절대적으로 크기 때문에 우리 사회의 교육 문제 하면 대학 입시 문제밖에 없는 것 같습니다만, 사실은 가장 심각한 교육 문제는 이 관심 밖으로 사라진 학교들에 있습니다.

공고 · 상고 · 농고 등의 실업계 고등학교와 전문 대학의 문제는 우리 사회 하층의 자녀들이 어떻게 학교 교육에서 좌절하지 않고 우리 사회의 고급 기술 인력으로 성장하게 할 것인가, 입니다. 그래서 성공적으로 사회에 진출하고 필요하다면, 그 이후에 어떻게 더 높은 교육을 받을 수 있는 기회를 제공할 것인가, 하는 것이지요.

현재 이 학교들의 실태는 참으로 참담한 실정입니다. 공고 · 상고 · 농고는 1960~70년대에 걸쳐 공업화의 진전에 따라 숙련된 기능 인력을 공급하기 위해 대거 설립되었습니다. 그 바람에 우리나라 고등학교의 50% 이상을 차지하게 되었지요.

그 당시에는 이 학교들이 직업 학교로서 의미를 가지고 있었는데, 지금은 직업 학교로서의 의미를 거의 상실했습니다. 우리 사회의 산업 구조가 고도화되고, 지식 기반 사회에서 요구하는 인력의 성격이 변화했기 때문입니다.

고등학교 3년 정도의 직업 교육을 가지고 직업 세계에 성공적으로 진출하는 것이 거의 불가능해진 것입니다. 지금 공고·상고·농고는 집안 환경이 받쳐 주지 않아서 학교 교육에서 뒤떨어져 인문계 갈 실력이 안 되는 아이들이 모여 있는 곳으로 바뀌어 버렸습니다.

이러한 사정은 전문 대학도 마찬가지입니다. 전문 대학 역시 1960~70년대의 산업화 과정에서 고급 기능 인력을 양성하기 위해 정부에서 여러 가지 혜택을 주면서 일시에 많이 설립하도록 유도했습니다.

지금은 일부 특수한 경우를 빼고는 고급 직업 학교로서의 의미를 잃어버렸습니다. 그냥 4년제 대학에 갈 실력이 안 되는 아이들이 가는 곳으로 전락해 있지요.

이 관심 밖으로 버려진 학교들의 문제는 우리 사회 하층 자녀들이 교육적으로 소외되는 문제일 뿐만 아니라, 우리 나라 기술 교육의 붕괴 문제이기도 합니다. 사실상 1960~70년대 기능 인력과 기술 인력을 양성하기 위해 실업계 고등학교와 5년제 전문 학교, 2년제 전문 대학 설립을 정부 정책으로 유도한 이후로는 기술 교육의 문제는 교육 정책에서 버려진 분야였습니다.

이 학교들은 교육 정책에서 버려진 채로 변화하는 사회와 점점 맞지 않게 되어 낙후되어 가고 있었던 겁니다.

이것은 김영삼 정부의 교육 개혁에서 지식 기반 사회에 부응하는 평생 교육 체제 수립을 강조한 이후에도 마찬가지였습니다. 평생 교육 정책은 그 실질적인 문제 의식이 정리 해고 등으로 생겨난 실직자들의 전업을 돕는 차원을 넘어서지 못했습니다.

그 결과 실업계 고등학교와 전문 대학, 사회 직업 교육 기관의 연계성을 어떻게 강화시켜 변화하는 사회가 필요로 하는 고급 기술 인력을 육성할 것인가, 하는 종합적 차원의 기술 교육 정책이 공백 상태에 놓이게 되었습니다.

김대중 정부에서는 교육부를 교육 인적 자원부로 격상시키면서 지식 기반 사회에 맞는 인력 육성을 부르짖었습니다. 하지만 결과는 마찬가지였습니다.

평생 교육 정책은 IMF로 양산되는 실직자 대책의 일환을 넘지 못했고, 실업계 고등학교나 전문 대학의 문제는 버려졌습니다. 종합적 차원의 기술 교육 정책은 여전히 공백 상태였습니다.

이 고급 기술 인력을 육성해 내기 위한 기술 교육 정책의 오랜 공백은 우리 사회를 심각하게 왜곡시켰습니다. 우선 교육적으로는 4년제 대학 졸업장 없이도 그와 맞먹거나 상회하는 소득을 보장받는 길이 있을 수 있다는 인식이 불가능합니다. 그렇기 때문에 최소한의 경제적 지적 능력만 있으면 4년제 대학으로 몰리는 과잉 교육 현상이 나타났습니다.

이 과잉 교육 현상은 또한 대학 교육의 질을 급격히 떨어뜨리는 결과를 가져왔습니다. 그리고 경제적으로는 산업을 고도의 기술과 지적 능력을 요구하는 재벌급 기업과 저임금을 바탕으로 하는 중소 기업과 영세 자영업으로 양극화시키는 데 일조했습니다.

여기에 중소 기업들이 저임금을 찾아 외국으로 빠져 나가면서 재벌급 대기업과 영세 자영업으로 양극화되어 가고 있습니다. 당연히 일자리가 없고, 그나마 있는 일자리도 학교 교육과 맞지 않는 것이지요. 이렇게 된 데에는 정치 지도자들의 무능도 큰 몫을 차지하지만 그에 못지않게 정책을 입안하고 집행하는 교육 관료들의 관료주의에도 큰 책임이 있습니다.

어떻게 그 정책 담당자들이 20여 년 간 실업계 고등학교와 전문 대학에서 우리 사회 하층의 자녀들이 겪고 있는 참담한 교육 실상에 대해 그렇게 눈 감고 편안히 지낼 수 있었던 것일까요? 어떻게 20여 년 간 자기들 담당 업무를 자기 자리 유지의 문제로만 생각하여 철저하게 움켜쥐고만 있었던 것일까요?

어떻게 20여 년 간 실업계 고등학교의 문제는 문제대로, 전문 대학의 문제는 문제대로, 사회에서의 기술 교육은 그것대로 뿔뿔이 흩어지게 만들 수가 있었던 것일까요? 어떻게 교육부에서 교육 인적 자원부로의 전환을 겨우 관료들의 자리를 몇 개 더 늘리는 것으로만 생각할 수가 있었던 것일까요?

지식 기반 사회는 그 사회 구성원의 일부만 잘살려고 한다고 해서 잘살아지는 것이 아닙니다. 그 사회 구성원의 한 부분이 주저앉으면, 그것이 바로 사회 구성원 전체에게 부메랑이 되어 타격을 가하는 그런 사회입니다.

최근의 신용 불량자 문제는 이 점을 잘 보여 주고 있지요. 사회 구성원의 한 부분이 신용 불량자가 되어 주저앉으면, 그것이 내수

침체의 원인이 되어 경제를 불황에 빠뜨리고 사회 구성원 전체에게 타격을 줍니다.

최근 세계 각국의 교육 개혁은 위와 같은 점에 주목하여 교육적으로 소외된 사회 하층 자녀들의 지적 능력을 어떻게 높일 것인가에 초점을 맞추고 있습니다.

미국 클린턴 행정부의 교육 개혁도 사실은 그 점에 무게를 두고 있는 겁니다. 아래에 인용한 글은 〈학교에서 직업 세계로의 전환을 돕기 위한 법〉이란 보고서의 일부입니다.

학교 개선의 맥락과 클린턴 인력 개발 계획에 근거하여 〈학교에서 직업 세계로의 전환을 돕기 위한 법〉과 그 밖의 다른 보조 법령이 만들어졌다. 이것의 취지는 미국의 청년들이 증대되고 있는 직업 경쟁력의 요구에 부응하고 있지 못하다는 문제를 검토하기 위한 것이다.

미국의 16세에서 24세 연령층 중에서 340만 명에 해당하는 청년들이 고등학교를 마치지 못했으며, 현재 학교에 다니고 있지 않다. 이 수치는 현재 이 연령대 청년의 11%에 해당된다.

이런 중퇴자들에 더하여 전체의 50%에 이르는 고등학교 졸업장 소지자들이 별다른 시장성 있는 기술력을 보유하고 있지 못하다. 여기에다 대학교에 진학한 학생들 중 50%는 졸업을 하지 못한다.

학교에서 직업 세계로의 전환을 돕는 운동의 핵심은 직업적 성공을 얻는 유일한 길이 4년제 대학 졸업장이라는 인식을 제거하는

데 있다. 그 대신 대학 졸업장 없이도 적당한 혹은 높은 임금으로 취업할 수 있는 고도로 숙련된 기술자들에 대한 경제적 수요가 세계적 차원에서 생겨날 것이다.

김영삼 정부에서부터 김대중 정부를 거치면서, 우리 나라의 교육 개혁은 지식 기반 사회에 맞는 학교 교육의 재구조화를 부르짖었습니다. 하지만 그 핵심은 놓치고 있었지요. 그 핵심은 바로 지식 기반 사회에서는 사회 구성원의 한 부분이 뒤처지게 되면 그것이 곧 사회 전체를 뒤처지게 한다는 문제 의식입니다.

그런 점에서 대학 입시 위주의 교육은 지식 기반 사회에서는 치명적인 독과도 같습니다. 그것은 뒤처지는 아이들을 영원히 뒤처지게 방치하기 때문이지요.

실업계 고등학교와 전문 대학, 사회 기술 교육 기관의 연계성을 높이고 사회 변화에 맞게 재조정하는 기술 교육 정책은 단순히 기술 교육만이 아니라 우리 전체 교육, 더 나가서 우리 사회 전체를 다시 일으켜 세우는 일입니다.

그러니 지금이라도 고등 기술 교육 촉진법 같은 거라도 만들어 시작해야 되는 게 아닐까요? 일단 실업계 고등학교, 전문 대학, 사회 기술 교육 기관의 교육 과정을 앞으로의 직업 세계에 맞게 재조정하고 각 단계가 서로 이어지도록 만들어야 합니다.

기초 학력에 대한 자격증에서 시작해서 낮은 단계의 기술 교육 자격증을 취득하게 한 뒤, 좀더 높은 단계의 기술 교육 자격증으로 나가게 하여 나중에는 고급 기술 교육을 갖추도록 기준을 제시하고 목표를 분명하게 주어야지요.

자격증을 따는 경우 가정 형편에 따라 국가에서 학비를 지원해 주고, 고급 기술 자격을 얻었을 때는 취업을 돕는 일 등을 법을 통해서 할 수 있도록 해야 하는 겁니다.

)교육 개혁의 두 가지 유형(

1994년경 세계 여러 나라에서 서로 비슷한 문제 의식을 가지고 교육 개혁을 추진했습니다. 클린턴 행정부와 같이 문제 의식이 구체적이고 초점이 명확한 경우는 상당한 성과를 거두었습니다.

반면 문제 의식이 추상적이고 초점이 흐릿한 경우는 별 성과를 거두지 못했습니다. 문제 의식이 추상적이고 흐릿하다는 것은 교육 개혁을 관료적으로 접근해서 현장감이 약하다는 것을 뜻합니다. 앞의 형태에 해당하는 나라의 예를 몇 가지 들어 보겠습니다.

프랑스의 교육 개혁

1997년 교육 개혁(알레그르 장관)은 교원 증원책을 통한 청년층의 실업 해소 및 교원 부담 경감, 교사들의 자율성과 창의성을 방해하는 교육 관료들의 관료주의 일소(행정 개혁), 학교와 직업 현장과의 연계 강화에 초점을 두었습니다.

2000년에는 학업 성취도 향상을 위한 '교수 방법 개선 국가 위원회'를 설치(총 40명)하여 혁신적인 교수 방법 개발 및 확장을 시도하였습니다. 2003년 9월 자크 시라크 대통령은 학교 교육에 대해 국민 참여를 유도하고 프랑스 교육 체계에 대해 정확한 진단을 내렸지요.

그리고 향후 15년 간의 교육 정책 방향의 수립을 위해 국민 교육 대토론회를 제안했는데, 2004년 9월까지 13,000회 토론회에 100만 명 이상이 참가하였습니다. 토론은 3개 영역(학교의 사명, 학생 지원, 교육 행정 체계 개선) 총 22개 주제를 놓고 진행되었습니다.

영국의 교육 개혁

보수당 정권하에서는 교육 문제가 소홀히 다루어졌으나, 1997년 블레어 총리 집권 이후 교육 최우선주의가 표방되었습니다. 1997년 시각 장애자를 교육부 장관으로 기용하고, 1998년에는 학교 교육 수준 향상을 위한 법률을 제정하고 교사 훈련을 강화하였습니다.

그리고 교장의 자격을 재규정하고 교수-학습 지원 기구에 대한 법률을 제정하였으며, 2001년에는 중등 교육 개혁안을 발표하였습니다. 그 골자는 다음과 같습니다.

첫째, 학업 성취 향상을 위한 아이디어가 있을 때 현행 법과 맞지 않더라도 3년 간의 시범 기간을 장관에게 제안하여 적용할 수 있다.

둘째, 새로운 방법을 실시하는 학교에 대한 지원

셋째, 새로운 학교를 창출하기 위한 혁신(외부 파트너의 참여를 가능하게 한다.)

넷째, 실패에 대한 새로운 대안(실패하는 학교에 대처 노력)

다섯째, 규제 완화(새로운 발상과 혁신을 추구하는 학교 지원)

여섯째, 우수 학교에 대한 자율성 강화

한편 2002년에는 초등학교 교사 출신의 장관을 파격적으로 기용하였습니다. 그리고 〈14~19 : 교육의 기회 확대 및 수준 향상 extending opportunities, raising standards〉에 관한 실천 방안을 발표했습니다.

이는 상상력을 키우고 편견에 도전하는 직업 교육의 르네상스를 가져와, 학생들의 야망과 열망을 고무시켰습니다. 그들은 경직적인 구조의 타파와 우수 학생 육성을 위해 다음과 같은 방안을 구체화하였습니다.

첫째, 학생들의 필요와 요구를 충족할 수 있는 맞춤형 프로그램을 제공했다. 적절한 진로 지도로 진로 선택을 올바르게 하도록 함으로써 학생들 개개인의 잠재력을 마음껏 발휘할 수 있게 하였다.

둘째, 교육 과정을 유연화시키고 기초 학력을 강화하였다.

셋째, 8개 직업 관련 교과에 GCSE(고교 졸업 자격 고사)를 도입해, 학생들의 직업 교육에 대한 선택을 유도하고 고등 교육과의 연계를 꾀하였다.

넷째, 수월성 추구 : 우수 학생에게 시험을 면제해 주고, 심화 학습의 장을 마련해 주었다.

이 유형의 특징은 세 가지로 정리할 수 있습니다.

첫째, 교육 개혁을 주도하는 주체는 교육 관료가 아니다.

둘째, 교육 개혁의 초점은 현장의 구체적 변화를 이끌어 내는 데 있다.

셋째, 현장이 구체적으로 변화하는 데 교육 관료들의 관료주의는 장애로 인식되고 있다.

미국 교육 개혁의 경우는 그 주체가 전 행정부 차원, 나아가 전 사회 차원에서 형성되었습니다. 그 구성원도 심리학 전공자 등 일반 전문가들 중심으로 꾸려졌습니다. 교육 개혁의 초점 또한 아이들과 현장의 구체적인 변화에 있습니다.

첫째, 학교 교육과 직업 세계와의 연관성을 명확히 함으로써 아이들이 배움의 목적을 가질 수 있게 한다.

둘째, 일정 단계에서 아이들이 도달해야 할 목표와 기준을 명확하게 준다.

셋째, 학교 교육에서 일정 기준에 도달한 학생들에게 자격증을 부여하고, 그 자격증이 고급 기술 교육을 받을 기회와 연관되게 한다.

넷째, 대학 졸업장 없이도 높은 급여를 받을 수 있다는 인식을 확산시키고, 또 그럴 수 있는 환경을 조성한다.

프랑스의 경우는 교사들의 자율성과 창의성을 방해하는 교육 관료의 관료주의 일소를 중요한 교육 개혁 과제로 설정하고 있지요. 그리고 대대적인 국민 교육 개혁 토론회의 개최를 통해 밑으로부터 구체성을 갖는 교육 개혁 과제를 끌어내 개혁의 동력을 만들어내려 하고 있습니다. 교육 개혁의 초점도 교수-학습 방법과 그것을 가능하게 하는 지원 체계 등에 명확히 맞춰져 있습니다.

영국의 경우는 시각 장애인 교육부 장관, 초등 교사 출신 교육부 장관의 기용이라는 상징성을 통해 교육 관료의 관료주의를 강력하게 견제하고 있습니다. 그리고 개혁의 초점도 학교 단위, 교실 단위의 구체적 변화를 가능하게 하는 조건 마련에 맞추고 있습니다.

그러면 이제 뒤의 유형의 예들을 살펴보겠습니다.

일본의 교육 개혁

2000년 3월 교육 개혁 국민 회의(학자, 교육자, 경제 및 노동계 대표, 언론 및 문화 관계자, 스포츠 및 PTA 관계자 등 26명으로 구성)를 구성하였습니다.

그리고 종래의 교육 시스템이 고도 과학 기술과 세계화로 상징되는 상황에 부적합하여 위기에 직면하였음을 지적하였습니다. 공급하는 쪽의 논리가 아니라 학생이나 부모의 입장에서 교육 시스템을 개혁 개선하기 위해 개혁안 필요성을 제기하였습니다.

첫째, 인간성이 풍부한 일본인의 육성
둘째, 학생 개개인의 재능을 육성하고, 창조성이 풍부한 리더를 기르는 교육 제도의 실현
셋째, 새 시대에 어울리는 학교의 조성과 이에 대한 지원 체제를 마련

위의 취지를 살리기 위해 다음과 같은 관련 교육 법령을 개정하였습니다.

첫째, 국립 학교 설치법 개정
둘째, 학교 교육에 사회인의 활용을 촉진하기 위한 규제 완화 및 자격 조건 완화
셋째, 교원 자격증 집행 및 박탈에 관계되는 조치 강화(지도력에 결함을 보이는 교원에 대해 본인의 동의 없이도 행정직 직원으로 배치할 수 있도록 지방 교육 행정법 개정. 2001)
넷째, 교원 연수 강화

다섯째, 대학원 진학 교원에 무급여 휴직 제도 도입. 문부성과 과학 기술청을 통합, 문부 과학성으로 기구 개혁(2001)

독일의 교육 개혁

1995년과 2004년 두 차례에 걸쳐 교육 개혁이 시도되었습니다. 먼저 1995년에 이루어진 교육 개혁의 내용을 살펴보도록 하겠습니다.

첫째, 중등 2단계 교육에서 일반 교육과 직업 교육의 연계 강화

둘째, 점수제 폐지, 수업 평가 방식의 개선

셋째, 초등 영어 수업 도입 등을 골자로 하는 교육 개혁 단행

2004년의 교육 개혁에서는 국가 혁신 위원회를 설치했습니다. 국가 혁신 위원회의 활동을 간략히 요약하면 다음과 같습니다.

첫째, 교육의 형평성 강화

둘째, 통일적 교육 프로그램 도입 및 정기적 평가 실시, 학업 중단율 감소

셋째, 탁아 보육 시설 확충

넷째, 대학의 유연화

다섯째, 연구 개발 투자비 확대, 엘리트 대학 설립 등을 교육 개혁의 과제로 설정

우리 나라는 위에서 제시한 일본과 독일의 유형과 비슷하다고 볼 수 있습니다. 이 유형의 특색은 이렇습니다.

첫째, 교육 개혁에 있어서 대체로 교육 관료 체계가 주도적 역할을 한다.

둘째, 교육 개혁이 교육 시스템과 그 방향의 변화와 같은 큰 문제를 다루어서 초점이 명확하지 않고 하향식이다.

셋째, 교육 개혁을 할 때, 관료주의를 특별한 장애로 인식하지 않는다.

말하자면 교육 개혁을 관료적으로 접근하고 있는 유형입니다. 이 유형의 경우는 교육 개혁이 대체로 뚜렷한 성과를 거두지 못했습니다.

그런데 위와 같은 두 유형의 차이는 어디로부터 오는 것일까요? 왜 다른 나라들은 교육 개혁이 현장의 구체적 변화에 초점을 맞추고 관료주의를 그 변화의 장애로 인식하는데, 유독 일본과 독일, 한국의 경우는 교육 개혁이 큰 틀의 문제를 다루면서 초점이 모호해지고 하향식이 되는 것일까요? 일본과 독일, 한국의 경우는 왜 유독 관료주의를 특별히 장애로 인식하지 않을까요? 단순히 우연의 일치일까요?

우연은 아닙니다. 일본과 독일, 한국 등이 교육 개혁에서 비슷한 유형을 보이는 것은 역사적 유래가 있기 때문입니다. 이것은 교과서 제도만 보아도 쉽게 알 수 있습니다.

사회주의권을 제외한 나라들에서 검인정 교과서나 국정 교과서 제도를 유지하고 있는 나라들이 일본과, 독일, 한국뿐입니다. 일본과 독일은 검인정 교과서 제도를 유지하고 있고, 우리 나라는 검인정과 국정 교과서 제도를 유지하고 있습니다. 이러한 공통점은 어디서 비롯되는 것일까요?

) 문화와 문명 (

서구의 근대 교육 제도가 구한말에 시작해서 일제 시대를 거치며 본격적으로 우리 나라에 도입되었다는 것은 잘 아는 사실입니다. 그런데 우리가 받아들인 근대 교육이 독일식이라는 걸 아는 사람은 별로 없는 듯합니다. 일제하에서 우리 나라에 도입된 근대 교육은 독일식이었습니다.

일본이 독일식 근대 교육을 받아들였고, 그걸 우리 나라에 가져온 것이었지요. 특히 대학 부분이 그랬습니다. 예컨대 검인정 교과서에 비해 폐쇄적인 국정 교과서 제도는 독일에서 유래된 것입니다. 세계적으로 검인정같이 폐쇄적인 교과서 제도를 유지하고 있는 나라는 사회주의권을 빼면 일본과 독일, 우리 나라 정도에 불과합니다.

그러면 독일의 근대 교육이 가지고 있는 특징은 무엇일까요? 엘

리아스는 독일 근대의 특성을 문화란 말로 설명하면서 프랑스의 문명과 대비시키고 있습니다.

프랑스는 대혁명을 거치면서 서구에서 비교적 일찍 근대 사회로 넘어왔습니다. 그렇기 때문에 근대 사회의 주역인 시민 계급들이 상류 사회인 궁정으로 진출할 기회가 많았지요. 궁정으로 진출한 시민 계급의 사람들이 자기 지위를 유지하고 높여 나가는 데 가장 중요한 것은 사교술과 매너였습니다.

궁정에서 왕족이나 귀족들에게 매너 있는 사람으로 평가받는 건 곧 궁정에서의 지위가 높아진다는 걸 의미했습니다. 그래서 궁정으로 진출한 시민 계급의 사람들은 왕족이나 귀족의 매너 사교술을 배우는 데 몰두했지요.

이 매너는 훗날 시민 계급 전반으로, 사회 전체로 확산되어 프랑스 근대의 특징을 이룹니다. 이것이 문명입니다. 문명화된 사람은 한마디로 매너가 있는 사람을 뜻하지요.

독일의 경우는 서구에서 상대적으로 늦게 근대 사회로 이행해 왔습니다. 그렇기 때문에 시민 계급이 성장해서 상류 사회인 궁정으로 진출할 기회가 없었습니다.

프랑스에서는 시민 계급의 사람들이 차지했던 궁정의 자리를 자본가로 변신한 봉건 토지 귀족인 '융커'들이 차지하고 있었지요. 독일의 궁정 사회에서는 프랑스 궁정의 사교술과 매너를 받아들였고, 프랑스 어를 쓰고 있었습니다.

독일의 시민 계급은 기껏해야 그 상층이 대학 사회로 진출하여 예술 창작이나 철학에 몰두하거나, 고급 관료로 진출하는 정도였습니다. 이 대학 사회나 관료 사회에 진출한 시민 계급의 상층 사람들은 궁정에서 유행하는 매너와 사교술, 그것과 결합되어 있는 프랑스 어를 천박한 것으로 여겨 경멸했습니다.

이들은 독일어로 예술 창작이나 철학 등의 학문적 작업을 하면서, 혹은 고급 관료로서 근대적 개혁을 추진하면서 그 창조성으로 시민 계급의 자존심을 세우려 했습니다.

괴테 같은 문호나 실러 같은 철학자가 대표적이었습니다. 그래서 예술과 학문적 성과, 지적 능력을 존중하는 문화란 개념이 나타나게 됩니다. 문화인이란 예술과 학문적 성과를 평가하는 안목이 있는 교양인을 의미하지요.

독일식의 학교 교육은 이 문화란 개념, 교양이란 개념을 바탕으로 하고 있습니다. 그래서 지적 예술적 권위를 상당히 강조하는 경향이 있고, 하향식이며, 상대적으로 무거운 관료 체제를 형성합니다.

독일과 일본이 공히 군국주의 체제를 거쳤기 때문에 더욱더 그러합니다. 독일과 일본, 한국이 다른 나라들에 비해 중앙 집중적이고 무거운 관료 체제를 가지고 있어, 교육 개혁에 대해서조차 관료적으로 접근하게 되는 데는 이러한 유래가 있습니다.

그런데 우리가 지금 굳이 우리 교육 체제의 특성이 어디에서부터 유래되었는가를 따지는 이유는 무엇일까요? 그것은 무거운 관료 체제를 가지고 있고 권위적 성격이 강한 우리 교육 체계가 지식 기반 사회에 맞지 않을 뿐만 아니라, 지식 기반 사회에 맞는 학교 교육의 변화 개혁에 걸림돌이 된다고 생각하기 때문일 것입니다.

참여 정부로 들어오면서 법조 개혁이 진전되었는데, 법조계야말로 교육계 이상으로 독일식의 권위적 체계가 뿌리 깊이 자리 잡고 있는 곳이지요.

아마도 교육 관료 체계에 대해서도 법조 개혁에 버금가는 수술이 필요할 겁니다. 그렇지 않으면 학교 교육 개혁이 별 성과 없이 제자리를 맴도는 일이 되풀이될 테니까요.

희망은 있다

희망, 타자에 대한 상상력

여기까지 읽으신 분들은 몹시 절망한 나머지 이 나라를 떠나고 싶다는 생각이 들었을지도 모르겠습니다. 몇 번인가 책을 덮어 버리려다가, 이 책의 마지막 단락에 붙어 있는 '희망'이란 말에 이끌려서 겨우겨우 여기까지 이르렀는지도 모르지요.

그렇습니다, 희망은 분명히 있습니다. 사실 우리 교육이 이렇게 저렇게 변화할 수 있다고 구구히 말씀드릴 수도 있었습니다. 하지만 나는 그것보다도 먼저 여러분이 이 책을 읽으면서 느낀 절망감이나 가슴 아픔이야말로 역설적으로 희망의 시작임을 말씀드리고 싶습니다. 그 절망감이나 가슴 아픔은 바로 '타자에 대한 상상력'에서 오는 것이기 때문이지요.

남의 이야기를 자신의 경우로 상상하고, 자신의 이야기를 남의 경우로 상상하는 이 타자에 대한 상상력이야말로 인간만이 가진 고유한 능력입니다. 고립된 존재로서는 무력하기 짝이 없는, 그래서 절망적일 수밖에 없는 인간이 문명을 이룩하고 온갖 고난을 이겨 내며 오늘날에 이른 것도 바로 이 타자에 대한 상상력이 가진 힘 덕택입니다.

타자에 대한 상상력이 살아 있는 사회는 스스로 변화할 수 있는 힘을 가진 살아 있는 사회이고, 희망이 있는 사회입니다. 나는 우리 사회야말로 타자에 대한 상상력이 풍부하게 살아 있는, 희망이 있는 사회라고 생각합니다.

얼마 전 신문을 보니까, 우리 나라 숲에서 자라고 있는 나무들의 수령이 이제 20~30년 된 청년들이어서 뿜어 내는 산소량이 많아 공기를 정화시키는 능력이 매우 커졌다고 하더군요. 우리 사회도 우리 나라의 숲과 마찬가지로 젊은, 그래서 타자에 대한 상상력이 풍부한 사회입니다.

타자에 대한 상상력이 뿜어 내는 산소의 양이 우리 사회를 정화시킬 만큼 풍부합니다. 그러니 희망이란 것은 다른 곳에 있는 게 아닙니다. 우리의 가슴속에 있는 타자에 대한 상상력을 더욱 크게 키우고, 다른 사람들과 나누어 우리 사회에 그 상상력이 넘치도록 하는 거지요.

나는 이 책이 여러분의 가슴을 아프게 했다면 크게 성공한 것이라고 생각합니다. 여러분의 가슴이 아팠다는 건 이 책이 여러분의 가슴속에 움츠리고 있던 타자에 대한 상상력을 깨워 냈다는 걸 뜻하니까요.

이 책이 여러분의 가슴에 움츠리고 있던 타자에 대한 상상력을 깨워 냈다면, 그건 이 책 속에 타자에 대한 상상력이 숨쉬고 있다는 뜻이겠지요.

생각해 보십시오. 나에게 전국 각지의 학교에서 벌어지고 있는 상황을 이야기해 준 그 수많은 사람들의 안타까운 눈빛을……. 그 거야말로 타자에 대한 상상력이 아니고 무엇이겠습니까?

그 수많은 이야기들을 가지고 고민하며 글로 옮긴 나의 행위 역시 타자에 대한 상상력이 아니고 무엇이겠습니까? 절망적으로 보이는 우리 학교 교육의 문제를 푸는 길도 아주 단순한 것이지요. 바로 이 타자에 대한 상상력을 발동시키는 데서부터 시작하는 것입니다.

배움에 대한 자발적 열의

학교에 있을 때 3학년의 말썽꾸러기 여자아이가 수업 시간에 열심히 무언가를 보고 있더군요. 교과서는 분명 아니었고, 무슨 문제집 같아 보였습니다. 무엇이냐고 물었더니 헤어 디자이너 자격증 시험에 대비해 공부한다고 했습니다. 대답하는 아이의 얼굴 표정이 무척 당당하고 밝아 보였습니다.

기분이 아주 좋았지요. 스스로 자기 희망을 찾아 열심이니 그 당당한 표정이 얼마나 예뻐 보입니까? 작년인가부터 그 근처에 미용 고등학교가 생겨서 그런 희망을 가진 아이들이 무척 좋아하며 많이들 간다고 해서 반가웠습니다.

아마도 지식 기반 사회에 맞는 다양한 직업 교육 과정을 세워 내는 일은 우리 교육을 바로 세우는 첫 출발이자 마지막 도달점이기도 할 것입니다. 물론 지식 기반 사회에 맞는 직업 교육 과정은 대부분 중학교 졸업 이후 5년을 넘을 것이고, 직종에 따라서는 4년제 대학을 졸업하는 기간보다도 더 많은 시간을 요구합니다.

그러니 제대로 세워 내기만 하면 직업 세계에서 성공하는 길로서 부족함이 없습니다. 그래서 4년제 대학 졸업 이외에도 직업 세계에서 성공할 수 있는 다양한 길이 있다는 국민적 인식이 자리 잡지 않으면 대학 입시 경쟁 중심으로 왜곡된 우리 학교 교육을 바로잡을 수가 없습니다. 이 일은 정부가 마음만 먹으면 그리 어려운 게 아닙니다. 기술 교육 진흥 특별법 같은 것을 만들어 추진할 수도 있는 거지요.

입시 위주 교육의 가장 큰 문제점은 바로 타자에 대한 상상력이 결여돼 있다는 것입니다. 입시 위주 교육 속에서 버려져 온 아이들, 곧 소외되어 온 실업계 고등학교의 아이들은 이 타자에 대한 상상력의 결여 속에서 잊혀져 왔습니다.

이 타자에 대한 상상력의 결여가 직업 교육을 황폐화시켜 모두 당당하게 자신의 삶을 살며 사회에 기여할 수 있는 아이들을 사회의 낙오자로 만들어 왔습니다. 그런데 그 피해는 소외되는 아이들에게만 머무르지 않고 우리 사회 전체에 돌아왔지요.

4년제 대학 졸업이 직업 세계에서 성공할 수 있는 유일한 길로 되면서 우리 교육 전체가 심각하게 왜곡되고, 그 왜곡이 우리 아이들 전부를 빠져 나올 수 없는 수렁에 빠뜨리게 된 것이지요.

입시 위주 교육이 낳은 타자에 대한 상상력의 결여는 비단 시험

성적이 나쁜 아이들만을 소외시켜 온 것이 아닙니다. 시험에서 성공하는 아이들의 대부분도 소외시켜 왔습니다.

대부분의 아이들은 자신의 마니아적 관심, 삶에 대한 열의와는 무관하게 무슨 과든 상관 없이 일류 대학, 자기 관심과는 무관하게 사회에서 잘 나갈 수 있는 학과를 선택하도록 직·간접적으로 강요받아 왔지요.

청소년기에 자기 삶에 대한 열의로부터 거의 모든 아이들이 소외되어 온 것입니다. 그런 소외의 경험을 가진 아이들이 어떻게 사회에 나가 자기 삶을 적극적으로 개척해 나갈 수 있겠습니까?

부모들이 부모로서 갖는 무한한 애정을 자기 자식을 자기 삶으로부터 소외시키는 데 쏟는 이 어처구니없는 교육 현실을 바꾸는 게 뭐가 그리 어렵단 말입니까?

직업과 관련된 자신의 인생 행로를 그리고, 그 인생 행로와 자기가 배우는 지식의 관련을 알게 함으로써 배움의 열의를 불러일으키는 학교 교육의 개혁 또한 우리가 타자에 대한 상상력을 조금만 더 키운다면 어려운 일이 아닙니다.

그 소외되고 있는 타자가 바로 눈에 넣어도 아프지 않은 우리 자식들인데 무얼 못 하겠습니까? 그러한 방향의 교육 과정 개혁안이나 대학 입시 개혁안이 없는 것도 아니고, 그 교육 과정 개혁을 뒷받침할 제도 개혁안이 없는 것도 아닙니다.

문제는 생존의 불안감 때문에 우리 가슴속에 움츠러들 대로 움츠러들어 있는 타자에 대한 상상력을 일으켜 세우는 것입니다. 그래서 우리 자식을 위해서, 또 우리 아이와 똑같이 귀한 다른 아이들을 위해서 발언을 하고 변화될 수 있도록 요구하는 것입니다.

위와 같은 문제들이 풀리면 대학이 안고 있는 문제들도 풀려 나갈 수가 있습니다. 자기 학과의 전공과는 무관한 공부로 방황하는 아이들, 대학의 권위라는 커다란 옷 속에 학문적 빈약함이라는 왜소한 체구를 감추고 있는 학자들 또한 심각한 자기 소외에 빠져 있는 것입니다. 위와 같은 문제들이 풀리는 데에 따라 대학의 이 심각한 자기 소외를 극복하는 방안들도 찾을 수 있지 않겠습니까?

누가 누구의 십자가를 진단 말인가?

이 글을 마무리하는 동안 핸드폰을 이용한 대규모 수능 부정이 발각되어 온 사회를 뒤흔들고 있습니다. 교육에 관계해 온 사람들은 이미 오래 전부터 풍문으로 듣던 이야기이고 충분히 예견되어 온 일이기도 합니다. 아이들을 사회 · 경제적 지위의 유지 및 상승을 위해 입시 검투사로 내몬 기성 세대의 입장에서 입이 열 개라도 할 말이 없는 사건이죠.

앞에서도 말했지만 검투사에겐 무술의 정신이니 무술을 위한 기초 체력이니 기본 동작이니 하는 것이 사치입니다. 매일매일 살아남기 위해 상대방을 죽이는 기술이 필요할 뿐이지요. 우리 기성 세대들이 아이들을 그렇게 내몰았습니다.

그런데 기가 막힌 것은 기성 세대 중 아무도 심지어는 교육부와 그 수많은 교육청, 교육 개혁 기구의 어느 어른도 그게 자기 책임이라고 나서지 않는다는 것입니다. 나는 이 기성 세대들의 타자에 대한 상상력의 결여가 정말 슬픕니다.

그러면서 이런저런 중요한 자리를 차지하고 있는 우리 어른들이 정말 부끄럽습니다. 그 아이들 중 수십 명은 수갑을 차고 감옥에 갈 것입니다. 그 아이들이 그렇게 자기 십자가를 지고 가는 모습을 보며 다행히 자기 자리를 유지하게 되었다고 안도의 한숨을 내쉬면 되는 것입니까? 그 아이들이 지고 가는 십자가 무게의 대부분은 사실 기성 세대인 우리가 짊어져야 하는 것입니다.

하지만 나는 그 아이들이 지고 가는 십자가의 참혹한 모습을 보면서 역설적으로 '이제 드디어 끝에 이르렀구나. 이제 전환이 시작되겠구나.' 하는 희망을 느낍니다. 일말의 책임감도 없이 자리 유지에 급급하는 그 수많은 교육계의 어른들을 보면서 역설적으로 '이제 변화가 시작되겠구나.' 하는 희망을 느낍니다.

왜냐 하면 그 모습이 이제 우리 부모님들과 교사들의 가슴에 움츠러들어 있던 타자에 대한 상상력을 일으켜 세우리라 믿기 때문입니다. 그 타자에 대한 상상력이 일어서는 처음의 모습은 분노와 자괴감이겠지만, 결국 병들어 있는 우리의 학교 교육을 정화할 커다란 사랑의 모습으로 커 나가리라 믿습니다. 우리에게 희망이 있다면 바로 우리의 가슴에서 사랑으로 커 나오는 그 '타자에 대한 상상력' 입니다.

미래로부터의 반란

첫판 1쇄 펴낸날 2005년 3월 2일
    6쇄 펴낸날 2010년 8월 25일

지은이 김진경
펴낸이 김혜경 **본부장** 박창희
기획편집팀 송지현 김솔미 김민영 정은선 김민희
디자인팀 서채홍 전윤정 김명선 권으뜸 지은정
마케팅팀 김광진 강백산
홍보팀 윤혜원 오성훈 김혜경 강신은 김현철 김선업
경영지원팀 임옥희 양여진

펴낸곳 (주)도서출판 푸른숲
출판등록 2002년 7월 5일 제 406-2003-032호
주소 경기도 파주시 교하읍 문발리 파주출판도시
    529-3번지 푸른숲 빌딩. 우편번호 413-756
전화 031)955-1410 **팩스** 031)955-1405
www.prunsoop.co.kr

ⓒ 김진경, 2005
ISBN 89-7184-426-4 03370

푸른숲주니어는 푸른숲의 어린이 · 청소년 책 전문 브랜드입니다.